Fragen, die noch gestellt werden wollen

Matthias Epperlein-Trümner

# FRAGEN, DIE NOCH GESTELLT WERDEN WOLLEN

Gespräche mit Eltern und Großeltern –
Resilienzgeschichten, die das Leben schreibt

Bibliografische Information der Deutschen Nationalbibliothek:
Die Deutsche Nationalbibliothek verzeichnet diese Publikation in der
Deutschen Nationalbibliografie; detaillierte bibliografische Daten sind
im Internet über dnb.dnb.de abrufbar.

© 2022 Matthias Epperlein-Trümner
Lektorin: Dagmar End Regensburg
Cover: Andreeas Hoschke-Eck, Erfurt
Satz, Herstellung und Verlag: BoD – Books on Demand, Norderstedt

ISBN: 978-3-7562-6116-1

# INHALTSVERZEICHNIS

# APERITIF ZUM GELEIT

## ☰ EINE SPUR VON SCHALL UND RAUCH

Was Menschen so tun auf dieser Welt, hinterlässt Spuren. Jedenfalls dann, wenn wir von Händen, Dingen, Werkzeugen Gebrauch machen. Ob auf Satellitenbildern oder beim Anblick einer Wohnung nach dem Auszug, da ist alles zu sehen. Etwas weniger offensichtlich ist das beim Singen, Sprechen, Denken, Lieben und allerlei sonstigem menschlichen Sinneswandel, im Umgang miteinander und beim lebenslangen Sammeln von Wissen und Erfahrung: Schall und Rauch, flüchtig und auf Dauer unhörbar, unsichtbar. Sie sind zwar da, die Spuren nicht enden wollender Prozesse im Dickicht der Neuronen, eingeschrieben in Identität und Gedächtnis, aber von außen unergründlich im Schädel unseres Gegenübers.

Was Lehrende so tun auf dieser Welt, hinterlässt meist keine fassbaren Dinge, keine weithin sichtbaren Architekturen konstruktiver Arbeit. Das Unterrichtsgespräch, der Eifer erhitzter Geister, da ist alles fort im Augenblick. Abschlussarbeiten landen im Archiv, Berge beschriebenen Papiers im Schredder, ungezählte PDF-Dateien und Mails im „Nil" oder im Tal der Könige, entlegenen Festplatten-Verzeichnissen. Klar, es verfängt sich was in Zeugnisnoten, erfüllten Lehrplänen, abgehefteten Sammelsurien. Aber das Eigentliche, was gute Lehre und gute Sozialpädagogik auch braucht, um genau das zu sein, ist eher ephemer: Nähe, Begegnung, Dialog, Vertrauen, Bewegung ins Offene.

Wie entstehen solche Qualitäten jenseits der Raster, wie die Befähigung, mit diesem Eigentlichen auch in der Praxis professionell wirksam zu werden? Als Kollegen haben wir lange an unseren zusammengerückten Schreibtischen und an wechselnden Spielorten an der Hephata Akademie dieses heimliche Curriculum immer wieder aufs Neue ausgerollt, befragt, erprobt. Jetzt, am Ende jener Zeit, wird in dieser Schrift eine Spur dieses Wirkens als Dozent doch noch sichtbar, lesbar, bleibend.

Spurlos und konturlos bleibt das Lebendige, wenn es nicht befragt, erzählt und geformt wird – im Forschungsprojekt der Studierenden nimmt es Gestalt an, für die Fragenden ebenso wie für die Befragten. Von einer Fallgeschichte zur anderen wird auch beim Lesen deutlich, wie sich in den Gesprächen dieser Prozess vollzieht.

Eine Erfahrung ist eine Erfahrung, und die Köstlichkeit, mit der sie sich offenbart, zum Beispiel beim Essen einer zum ersten Mal genossenen Speise, ist nicht identisch mit deren niedergeschriebenem Rezept. Schon einander davon zu erzählen, ist nicht Dasselbe, und erschließt doch etwas von den Qualitäten des Erlebten, eindrücklich, prägend vielleicht – auch dies möglicherweise unvergesslich, als besonderer Moment. Süß ist das nicht immer, auch bitter, scharf, tränensalzig.

Und erst recht das Niedergeschriebene, Kommentierte, Eingeordnete ist nicht das Gleiche, von der Erfahrung selbst entfernt, wohl aber ein bleibendes Zeugnis des Vorhabens, Bedeutung in ihrer Fülle zu erfassen, auch ein Exempel für die Bildung einer professionellen Haltung, und ein Pars-pro-toto der unzähligen Momente pädagogischer Qualität in der Lehre eines Dozenten, der Stunden und Jahre voller Schall und Rauch. Eine Spur, der zu folgen sich lohnt.

Delia Henss für Matthias Epperlein-Trümner, April 2022

## ☰ KULTUR DES INNEREN FRIEDENS

Es sind Wörter, nur Worte.

Es ist die zu lange verdrängte Sprache, die urplötzlich zum Erscheinen kommt; Interviews, die den Schlüssel zur eigenen Selbstfindung liefern. Die oft in der sozial-pädagogischen Arbeitswelt zu Recht gepriesene Selbstwirksamkeit entpuppt sich endlich als Kennzeichen des Erhellenden; das worum es eigentlich immer geht: Mensch sein, Menschen anerkennen.

Anlässlich und abschließend zu einem dreijährigen Ausbildungsprozess der Sozialpädagogik als Erzieher*in stoßen diese im Wort mutigen Studierenden zum Kern eigener Biographien im Zusammenspiel mit eingeweihten Verwandten, welche in diesen durchgeführten Interviews Menschengesichter entziffern, vor.

Das noch nie zuvor Erzählte offenbart unentdeckte Dimensionen der (eigenen) Existenz; von sich selbst als Studierende und von anderen an der ersten Stelle. Wir wandern, freilich, durch Zeilen des Vertrauens ins Leben von Unbekannten. Lebensgeheimnisse, -abschnitte führen wie per Zauber im Spiegeleffekt zu uns zurück.

Diese wahrhaftigen Spinnennetze an Menschlichkeit erlauben uns schließlich, Wichtiges zu erkennen: die Deutung-Bedeutung jener Introspektion hervorgehoben und gerufen durch gewonnene und gesammelte sozialpädagogische Erfahrungen; in der Lehre und aber vorwiegend auch in der Praxis.

Ich wünsche Euch, so wie es bei mir der Fall gewesen ist, eine erkenntnisreiche Reise durch diese Worte.

*Diakon Philippe-Guy Crosnier de Bellaistre*
*Kommissarischer Akademieleiter der Hephata Akademie*
*für soziale Berufe*

# DIE ABSICHT DES VERBINDENDEN GESPRÄCHS

Im Zentrum dieser Veröffentlichung stehen Gespräche von Studierenden einer Fachschule für Sozialpädagogik mit ihren Eltern, Großeltern und Wegbegleiter*innen über das, *„Was bisher noch offen geblieben ist"* oder auch darüber, „Was ich bisher nicht zu fragen wagte".

Derlei Gespräche zu initiieren erfordert Mut und die Bereitschaft, wahrhaft zuzuhören, präsent zu sein und zu bleiben, zu lauschen ohne Bewertung und Urteil bzw. Interpretation. So kann Raum entstehen für Aufrichtigkeit und Wahrhaftigkeit, für Vertrauen und zutiefst verbindende Gespräche.

Wie schnell geschieht es, dass wir uns in einer sich rasant verändernden Welt durch die Anforderungen des Alltags vereinnahmt fühlen und quasi beinahe nicht *„über den Tellerrand hinaussehen"*. Angesichts der zusätzlichen gegenwärtigen Herausforderungen durch Corona, Krieg in Europa und Umweltkrise stellen wir möglicherweise das Eintauchen in unsere eigenen Krisen, aber eben auch in unsere Wachstumsbedürfnisse und Wachstumsschritte, sowie offene und forschende Gespräche darüber in den Hintergrund. So können Kontakte verarmen und der Eindruck von Fremdheit und Trennung zwischen den Generationen entstehen. Diese Trennung das Gefühl, von *„die Welt, in der ich lebe, ist vollständig anders als die Welt, in der Ihr lebt"* mag auf beiden Seiten Schmerz und Verunsicherung mit sich bringen.

## ≡ LERNEN GENERATIONEN VONEINANDER?

Und: Wie kann dies geschehen? Im schnellen Einordnen und mit klugen Ratschlägen? Oder im offenen Lauschen, neugierig und in aufmerksamer Zuwendung? Wir Menschen gehören zusammen und können dies im Miteinander-Sein spüren und verankern, indem wir den Raum öffnen und betreten, den uns das Umeinander-Wissen schenkt.

Sinn zu sehen und wertzuschätzen bin ich persönlich wie beruflich unterwegs, verändere mich nicht nur im Älter-Werden, sondern im besten Fall mit der Erfahrung eines jeden wahren Kontaktes.

Für ein bereicherndes Lernen der tiefen Bedeutung des „WIR" benötigt es beide Seiten. So ist es ebenso wertvoll und ermächtigend, wenn die Älteren die Kinder und Enkel fragen und sich forschend neugierig auf sie und ihre Bedürfnisse einlassen, wie es sich lohnt auch in die andere Richtung zu schauen.

Kommunikation kann Brücken bauen und bilden. Damit ist sie im wahrsten Sinne die Einladung in einen geteilten Raum. Die Bereitschaft zu urteilsfreiem Hinhören beinhaltet diese Einladung. So wird der Raum geöffnet für tiefe Verbundenheit. Unser Gegenüber kann sich wahrhaft gesehen, gehört und gewertschätzt fühlen. Nähe und Versöhnung werden geschenkt.

Und von daher ist der Blick, den diese Veröffentlichung ausrichten möchte:

In der Begegnung verbinden wir uns und erkennen uns gegenseitig. Ich plädiere hier für Gespräche bzw. Interviews, bei denen sich beide Seiten der Narration und Deutung des Erfahrenen öffnen.

Wenn mich Menschen fragen: „*Wie soll ich mit meinen Eltern umgehen?*", dann kann ich aus meiner Erfahrung heraus sagen: „*Frage sie mit Respekt und offenem Interesse. Und liebe deine Fragen!*"

Und von dieser Reise, liebe Leserin und lieber Leser, handelt das Buch, welches Sie in der Hand halten und zu lesen bereit sind. Sicherlich tauchen auch bei Ihnen Fragen auf wie, „*Wen würde ich gerne fragen?*", „*Was ist noch zum Aussprechen und Teilen bereit?*" und „*Was würde ich gerne selbst gefragt werden?*"

# 1. HINFÜHRUNG ZUM THEMA
## Die Dynamik von Krise und Wachstum

Diese Veröffentlichung berichtet von einer Reise mit Absicht. Als Dozent für Sozial- und Heilpädagogik lag mir in den inzwischen 20 Jahren meiner beruflichen Tätigkeit in einer diakonisch verankerten Akademie für Soziale Berufe die persönliche wie professionelle Entwicklung der Studierenden am Herzen. Ich fühlte mich gerufen. Wissen und Kompetenz können in einer Ausbildung eine Verbindung eingehen mit der Schau auf sich selbst mit den eigenen Wurzeln, sowie dem großen Wunsch und Mut, den eigenen Sinn zu erforschen. Mit der Anregung zu Interviews und der Hinführung zu hinhörenden Gesprächen im persönlichen Umfeld mag ich einen wichtigen Impuls hierzu gegeben haben.

Bezugspunkte der folgenden Seiten sind nun also Interviews, die Studierende einer dreijährigen Erzieher*innenausbildung mit Eltern und Großeltern, mit Freund:*innen und Weggefährt*innen geführt haben. Diese werden nach einleitenden Bemerkungen zu den Prozessen und der Bedeutung des Hinhörens im Hauptteil zusammengefasst wiedergegeben und anschließend im Metablick betrachtet.

## ☰ AUSGANGSPUNKT DER FORSCHUNGEN DER STUDIERENDEN IST DAS THEMA RESILIENZ.

Der Begriff der Resilienz kommt aus der Materialforschung. Da geht es um die Frage, wie ein Material beschaffen sein muss, damit es trotz Belastungen wieder in den Originalzustand zurückfindet, wie etwa ein beanspruchter Autoreifen, der die Fahrt über die Bordsteinkante und kurzzeitige Verformung heil übersteht.

*„Resilienz ist die Aufrechterhaltung oder schnelle Wiederherstellung der psychischen Gesundheit während oder nach Widrigkeiten"*, schreibt Raffael Kalisch 2017. Wobei es aus der Sicht meiner Forschungen mit den Studierenden gar nicht in erster Linie um *„schnell"* geht, sondern um das grundsätzliche Vertrauen

in das Leben und somit in die Zeitpunkte, in denen sich Dinge ereignen können und bewältigen lassen, die Geschwindigkeit, die das Leben uns mit seiner Schöpferkraft schenkt.

Resilienz ist also Mut und Widerstandskraft, die in uns angelegt sind und trainiert werden durch unsere Fähigkeit, Aufgaben und auch Probleme, die wir bewältigen können, auch anzugehen.

Stets aufs Neue wird sich die Chance anbieten, uns an das erinnern, was wir wirklich sind. Hierbei helfen uns das Vertrauen in unsere eigenen Kräfte, in den Rückhalt durch die Kultur unserer Beziehungen mit Partner*innen, Kindern und Wegbegleiter*innen. Und gleichzeitig kann es ein wertvoller Anker sein, wenn wir uns eingebettet und gehalten wissen von einer höheren Kraft, beispielsweise der Zuversicht in und Hoffnung mit Allah, Jesus oder Gott.

## ☰ RESILIENZ IST NICHT GLEICHBEDEUTEND MIT GLÜCK

In der menschlichen und auch kollektiven Lebenswelt bedeutet Resilienz gemeinsam zu ergründen, welche Kräfte und Energien wir benötigen, damit wir – trotz Belastungen oder auch gerade mit der Erfahrung dieser Zumutung – in uns selbst ankommen, in unserem versprochenen „Originalzustand", der uns Unverletzlichkeit und Vollständigkeit verspricht.

Dabei hilft uns unser Gehirn mit seinen Denk-, Erinnerungs- und Zusammenarbeitsfähigkeiten (vgl. Hüther 2015, 12 – 46, wenn er über die konstruktive Bedeutung der Angst und deren Wandel in Zukunftszuversicht spricht).

Wandel gehört zum Leben wie die Entfaltung unseres Potentials. Lust am Wandel haben wir häufig wie auch die Sicherheit, dass Wandel zum Leben gehört. Die Krise selbst können wir allerdings meist nicht so einfach begrüßen, auch wenn wir wissen, dass Krisen ebenso zum Leben gehören. Vertrautes können wir manchmal nur schwer loslassen, bisweilen fügen wir uns sogar in das Einengende. Oder wir sehen keinen Ausweg aus der Krise, wenn diese von uns eine Anpassungsleistung fordert.

Das Ziel von Resilienz ist es, Sorge, Angst und Zumutung aufmerksam zu begegnen und zuversichtlich zu werden oder bleiben zu können.

Dies gilt für einzelne Menschen, wie für uns als Gesellschaft: Eine resiliente Gesellschaft könnte beispielsweise forschen, wie wir in den Sorgen und Bedrohungen von Klimakrise, Virenmutationen und Konsumorientierung gesund und zuversichtlich bleiben können, könnte sich bewusst mit den Phänomenen befassen und dazu lernen statt zu verdrängen und mit den immer selben stereotypen und wenig erfolgreichen Verhaltensweisen darauf zu reagieren.

Gerade die Krise fordert uns auf zum Erwerb oder besser zum Erinnern von Strategien im Umgang mit Herausforderungen. Eine hier vorgestellte Wachstumschance liegt in der Bestärkung unserer Absicht *„zurückzusehen und hinzuhören"*. In der Resilienzforschung gilt es zudem als ermutigend für uns als Einzelne und als Kollektiv, wenn wir wissen, dass wir Ähnliches schon einmal überstanden haben und über eine Schwarmintelligenz verfügen.

Insofern ist Resilienz dann doch mit Glück gleichbedeutend, da uns bewusst wird, wie vollständig und heil wir mit Zuversicht erfüllt sein können. Dies werden uns die Interviews ebenso zeigen.

Die **Grenze der Resilienz** wird überschritten mit der traumatischen Erfahrung. Dabei wird Menschen der Boden unter den Füßen weggerissen, die Bedrohung wird über- und der Mensch ohnmächtig.

Hierzu gibt es Forschungen und umfassende Darstellungen, die zeigen, welche Spuren Traumata und belastende Ereignisse in

Körper, Gehirn und Geist hinterlassen. Besonders eindrucksvoll sind zudem Erkenntnisse zum Thema der Resilienz bei Kindern. Van Kolk betont, dass niemand die Folgen von Krieg, Misshandlungen und anderen schrecklichen Ereignissen ungeschehen machen kann. Gleichzeitig zeigt er Wege auf, wie Menschen wieder in die Kraft kommen können, selbst zu entscheiden, was in ihrem Leben passieren soll. Diese Kraft nennt er Self-Leadership (van Kolk 2015, 196f; 243ff).

## ☰ GESPRÄCHE UND INTERVIEWS

Die im Mittelpunkt dieses Buches stehende Methode des narrativen Gesprächs bzw. Interviews mit nahen Menschen ist auf der Spur der Resilienz und jener Kraft, die uns Selbstwirksamkeit und Selbstgefühl erinnern lässt und uns diese zudem nach bzw. in diesen Herausforderungen zurückgeben kann. Die Vision ist, dass wir stark und in uns ruhend aufwachen können. Denn das wird der Leserin und dem Leser des Buches, so hoffe ich, als eine Erkenntnis bewusst werden: Resilienz ist nicht nur eine Widerstandskraft, die wir als Anlage in uns tragen und immer wieder trainieren. Dazu gibt es hinreichend Literatur und ermutigende Berichte.

Sie ist ebenso eine Kraft, zu der wir gelangen im Verlernen von Prägungen und Ideen von uns als *„klein und unbedeutend"*. Für diesen Prozess des Verlernens bietet uns das Leben Material.

Insofern sind wir in den Interviews, die die Studierenden geführt und ausgewertet haben, auf den Spuren des gehaltenen Lebens.

Unser Leben ist im doppelten Sinn gehalten: Aktiv gehalten wie eine Rede gehalten wird und sich manches Mal im Sprechen verhaspelt und dennoch entwickelt.

Und doch müssen wir im besten Fall für das Gehalten-Sein im Leben gar nicht viel tun, außer die Kontrolle und alte Glaubenssätze aufzugeben. Für die Gestaltung unseres Lebens ist das tiefe Wissen *„schützend gehalten zu sein wie ein Kind"*, hilfreich. Gehalten sind wir in der Liebe und Geborgenheit Gottes, im Kreis der Familie und Freunde und der von uns selbst erworbenen Kraft. Dies ist eine Stabilität und Sicherheit, die sich in vielen Interviews zeigt.

Für die Interviewer*innen ist Anfänger*innengeist vonnöten, mit dem sie auf sich und gleichzeitig auf das Lebenswerk des Gegenübers sehen. Da ist ein herzoffenes Gespräch, nämlich das Interview, eine gute Methode. Dies ist ein wechselwirksamer Prozess wie der Dialog auch, der das Prinzip der Kokreation in sich birgt, wenn unser Geist offen und bereit ist. Hilfreich wirken nicht nur die Gespräche, sondern ebenso die Verschriftlichung und Reflexion der Interviewer*innen, insbesondere beim Miteinander-Teilen.

Die **Geschichten und deren Deutungen**, die wir hier lesen können, erzählen vom Umgang mit den Herausforderungen des Lebens.

Gleichzeitig erzählen sie von der Kraft der Hingabe an das Leben einschließlich seinen Zumutungen. Genau diese Kraft wird uns im Erzählen oft erst bewusst. Die erzählte Geschichte ist immer in erster Linie eine Narration und zeugt von Deutung und Verarbeitung. Sie fragt nicht nach der historischen Überprüfung, der Sinn des Erinnerten liegt in der Bedeutung für uns als Einzelne und für unsere Gemeinschaft, nicht in der Objektivität.

Damit Menschen erzählen, bedarf es der Wiederaufnahme des Gesprächs und eines Angebots zum Zu- und Hinhören. Es bedarf der Achtsamkeit, weil es nicht um Werten und Einordnen geht, eher um Staunen und Sich-Öffnen. So kann sich die Magie des Hinhörens entfalten: Wenn der eine oder die eine sich dem

Gegenüber öffnet, öffnen sich beide. Wenn eine weint, weinen beide, wie es in einem Interview mit der Mutter formuliert wird.

Insofern sind die dokumentierten Gespräche ein Weg zu einer Erfahrung von geteilten Leben und öffnen die Tür zu Versöhnung im Hinhören und Würdigen. Dies geschieht insbesondere, wenn es um das Kennenlernen und Verstehen der eigenen Vorfahren und der persönlichen wie gemeinsamen Wurzeln geht.

Interviews sind zudem eine Chance der Selbstbegegnung – die Begegnung mit der eigenen Stärke und der Kompetenz des Hinhörens und Aufnehmens. Und gleichzeitig stellt sich nach dem Interview bei denen, die dieses geführt haben, ein Erstaunen darüber ein, dass im Gegenüber ebenso ein eigener Anteil erkannt und so zum gemeinsamen wird, z.B. die Wiederentdeckung von Selbstwirksamkeit, von der Stärke des „Nein", von der Bedeutsamkeit des „Ja" oder dem Einverstanden-Sein.

Auf sich selbst hören zu können ist eine Voraussetzung dafür, auf andere hören zu können. Bei uns selbst zuhause zu sein wird die Voraussetzung für unsere Zuwendung. Unserem Gegenüber mit Respekt und Würdigung zu begegnen, würde ich gerne als das Geschenk einer segnenden Haltung verstehen.

# 2. DIE ABSICHT DES PROJEKTES IN DER ERWACHSENENBILDUNG

## ≡ DREI BÜCHER, DIE MICH BEWEGT HABEN

Beeindruckt haben mich Werke der Literatur, die mich Menschen und ihre Lebensleistungen verstehen lassen. Exemplarisch benenne ich drei Werke:

**Annette, ein Heldinnenepos von Anne Weber**, die für und mit ihrer prosaisch bearbeiteten Biografie den deutschen Buchpreis 2020 verliehen bekam. Berichtet wird das Wirken einer beherzten Widerstandskämpferin in Frankreich gegen die deutsche Besatzung und später gegen die französische Kolonialmacht in Algerien.

Das Buch von **Helga Schubert**, die ihr Leben als ein *„Kind zwischen zwei Heimaten, ein Jahrhundertleben"* erzählt. Berichtet wird von Flucht und Vertreibung aus den ehemals deutsch-besiedelten Gebieten, von DDR-Vergangenheit und staatlicher Kontrolle, also somit vom Prozess des Frieden-Schließens mit dem eigenen Leben. Helga Schubert bekam 2020 für dieses autobiografische Werk den Ingeborg-Bachmann-Preis. Bei ihr habe ich einen bedeutsamen Satz gefunden, wenn sie Marie von Ebner-Eschenbach zitiert: *„Nicht was wir erleben, sondern wie wir erleben, was wir erleben, macht unser Leben aus"* (Schubert 2021, 40).

Das Buch von **Elif Shafak**, der in der Zeit von Corona-Krise und sozialer Isolation 2021 ein aufrührendes Plädoyer für gegenseitiges Verständnis und Respekt gelingt, hat mich ebenso beeindruckt: *„Hört einander zu!"* Auch hier werden biografische Elemente und die Auseinandersetzung mit den Aufgaben und Chancen unserer Zeit verbunden.

Diese drei Werke weisen mir beim Hineinversetzen und auch Mitfühlen den Weg des Verstehens und des großen Respektes für Lebensleistungen.

## ☰ DIE NARRATION ALS QUELLE

Der Begriff der **Narration** ist im Moment beinahe ein Modewort. Er weist darauf hin, dass das Erzählte und Erinnerte weniger dem Faktencheck zu unterziehen sei, da es um Erleben und Erfahren geht, welches unsere Haltung zu und unser Verortet-Sein in der Welt, in der Gesellschaft und in unseren Beziehungen ausmacht.

Erzählen wird gesehen als reflexives Vergegenwärtigen persönlicher Erfahrungen und damit als Zugang zu den persönlichen je eigen gewordenen und, im besten Fall, integrierten Lebens-Welten.

In Erzählungen und insbesondere auch dem Weitergeben von Erzählungen werden Werte, Einstellungen und Haltungen deutlich. Dies übrigens bei beiden, Erzähler*innen wie Hinhörenden.

Insofern hat das Erzählen selbst Wahrheit-Schaffendes, es definiert um bzw. neu, bestätigt oder wirft bisher Gedachtes um. Möglicherweise finden sich in unseren jeweils sehr individuellen Erzählungen und Narrationen mehr Verarbeitungen und **Wahrgebung**, als die **Wahrnehmung** dessen, was passiert ist. Wir leben und wir erinnern mit unserem tiefen Wunsch nach Kohärenz und Stimmigkeit.

## ☰ DIE KUNST DES HINHÖRENS

Hinhören bedeutet Lauschen und *„von der Erzählung gebannt werden"* und gleichzeitig das Zulassen der Haltung: *„Zunächst verstehe ich nichts von dem, was du erzählst"*.

Wo wir meist zu schnell zu wissen glauben, was der andere oder die andere meint, handelt es sich keineswegs um Einfühlung. Ich plädiere daher für Nicht-Verstehen und gleichzeitig Hoch-Interessiert-Sein.

## ☰ DIE UMSETZUNG IN MEINER BERUFLICHEN TÄTIGKEIT

In meiner Tätigkeit als Dozent für Sozial- und Heilpädagogik beschäftige ich mich mit Themen wie biografischem Verstehen und der möglichen Weiterentwicklung und Ausbildung von „Kompetenzen des Helfens". Die Menschen, die in der Akademie für soziale Berufe ihre Ausbildung als Erzieher*innen in Vollzeit oder in einer berufsbegleitenden Form absolvieren, werden ermutigt. Psychologisch und pädagogisch fundiertes Wissen verbindet sich mit eigenen ästhetischen und kulturell kreativen Projekten. Potentialentfaltung hat häufig in erster Linie mit der Sehnsucht nach Blühen und Wachsen zu tun, die entdeckt werden will. Dies betrifft die Erzieher*innen selbst, wie auch die Zielgruppen der sozialen Arbeit, die den Weg gehen, ihr Leben in ihrem eigenen Sinne zu führen. Und hierfür schätzen wir alle die erfrischende Unterstützung unserer Gegenüber.

Viele Jahre habe ich in Klassenverbänden angehender Erzieher*innen Projekte angeregt und begleitet, die das Thema dieser Veröffentlichung betreffen.

> *„Interviewt Menschen, die aus einer anderen Generation kommen und euch zunächst fremde oder nur ansatzweise bekannte Erfahrungen als Schatz in sich tragen!"*

In diesen Jahren habe ich im Gespräch mit jungen Menschen Momente der Berührung erlebt, die eine sehr nahe Begegnung im Verbund der gewachsenen Lerngemeinschaft schenkten. Oft flossen Tränen. Zur Sprache kam ebenso erinnerte Wut und erinnerte Sehnsucht nach Glück. Die Gespräche wie der Austausch untereinander über das Erlebte waren und sind geprägt von Mitgefühl und Heilung.

## ≡ VERSÖHNUNG UND HEILUNG

Ich erinnere mich an das Gespräch mit einer jungen Frau und Mutter zweier Kinder aus Rumänien, die über die im Interview geteilten Schmerzen und von den Ängsten ihrer Mutter vor dem eigenen Ehemann, dem Vater der Studierenden, erzählte. Am meisten war die junge Frau darüber betrübt, dass ihre Mutter über keine Glücksmomente in ihrem Leben berichten konnte. „(...) *außer, dass ich Euch Kinder geboren habe und bei mir hatte* (...).“ Die Furcht und das Leid waren zwar überstanden, die tiefe Wunde hatte aber bei der Mutter Freude verblassen lassen und verhindert. Der Tochter tat es weh, vom Leid der Mutter zu hören.

Im Hinhören steckt gleichzeitig die Gabe der Versöhnung und offenherzige Begegnung. Ich erinnere die Begegnung mit einem aus Südafrika stammenden Mann, Vater zweier Kinder, der die Wunde der Missachtung der Schwarzen in seinem Herkunftsland durch den gelebten Rassismus verdeutlichte. Er zeigte für uns alle spürbar die vom System geforderte Unterwürfigkeit des schwarzen Mannes vor einem Weißen im Rollenspiel, seine gebeugte Körperhaltung und sein „Yes, Sir“ ließ uns alle erschaudern und mir und anderen kamen Tränen.

Für die Studierenden war diese Forschungsreise eine Erfahrung des achtsamen Hinhörens, dem Gehör-Schenkens. Ein Geschenk, welches beide Personen in Achtsamkeit übt und gewinnen lässt (vgl. auch Sofer 2021).

## ≡ BEGEGNUNG IN INTERVIEWS

Ein großes **Potential** von narrativen, das heißt, um Erzählungen bemühten Interviews, liegt darin, genau diese Narrative zu teilen und möglicherweise im Erzählen gemeinsam neue zu schaffen bzw. ihnen Farbe zu geben, sich und die Welt neu zu erzählen. Es geht darum, sich als eine Gewordene oder ein Gewordener zu verstehen, im Netz der sehr persönlichen Biografie und in der kulturellen wie gesellschaftlichen Situation.

Die einführende **Übung in diesem Jahr** lautete angesichts eines Korbes am Morgen in unserem Garten gepflückter roter Äpfel:

> *„Sucht euch bitte intuitiv einen Apfel aus und nehmt Euch fünf Minuten Zeit, ihn kennen zu lernen!" (...) „Legt die Frucht wieder zurück. In einer halben Stunden werde ich Euch bitten, diese wiederzufinden!".*

Das Wiederfinden war bei der scheinbaren Gleichheit der roten Äpfel erhellend. Die Erfahrung der Unterschiedlichkeit wurde in Aussagen der Studierenden verdeutlicht:

> *„Ich bemerkte erst Eigenheiten, als ich beim zweiten und dritten Mal den Apfel begutachtete", „Ich orientierte mich an Merkmalen, wie Wurmlöchern, Unebenheiten und Druckstellen."*

Diese Erfahrung lässt sich darauf übertragen, wie es uns geht, wenn wir uns Menschen im Eigensein und Eigensinn schätzen lernen und den wahren Wert deutlich vom Vermarktbaren trennen:

> *„Im Laden sind Äpfel nie so verschieden, da werden sie vorsortiert.".*

Mein Unterrichtsimpuls war nun die Aufforderung an die Studierenden, sich mit Interesse an der Vertiefung des Kennen-Lernens Menschen für ein Interview auszusuchen. Dabei war uns wichtig, den Blick wenn möglich auf Menschen einer vorangegangenen Generation zu richten und sich Fragen zuzuwenden, *„die immer schon mal gestellt werden wollten".*

Mitschwingende Themen waren Resilienz und Widerstandsfähigkeit, Überlebenswille und Kraft. Der Fokus des narrativen Interviews sollte auf dem Überwinden und Integrieren von Herausforderungen und Lebensentscheidungen liegen. Wesentlich für die Interviewenden war deren Haltung, die Gegenübersitzenden zunächst immer wieder zu fragen, ob sie als „Zeugen der Erzählung" nachfragen dürfen. Ebenso wichtig war es, ehrlichen Dank für das Zuhören-Dürfen auszudrücken.

## ≡ DER AUFBAU DES BUCHES

Die Interviews, denen das dritte Kapitel gewidmet ist, sind jeweils ähnlich gegliedert: Zunächst gehe ich ein auf die Motivation, die den Gesprächen zugrunde lag, so wie sie die Studierenden beschreiben. Danach fasse ich die Interviews zusammen mit einer hohen Anzahl von Zitaten, wie sie in den Arbeiten der Studierenden vorliegen. Gerade die Zitate sprechen meist für sich, so dass auf erklärende Worte weitgehend verzichtet werden kann.

Die Studierenden, denen ich für ihre Bearbeitung und den Erlebensprozess des Führens der Interviews sehr dankbar bin, haben hingehört, erfasst und mitgefühlt. Eine Mehrzahl der Studierenden erzählen später von tiefer Begegnung, von Tränen der Trauer und auch der Erleichterung der Befragten, darüber einfach erzählen zu dürfen:

> *„Und du hörst mir zu ohne zu bewerten!"*

Im Anschluss an die Zusammenfassung der Interviews werde ich Assoziationen einfügen, ohne eine Deutungshoheit beanspruchen zu wollen. Auf jeden Fall, so hoffe ich, wird deutlich werden, dass die Wahl der Interviewpartner*innen und das Ausgesprochene direkt auch als Spiegel für die Hingabe der Studierenden in ihrem Leben und der gewählten sozialen Tätigkeit gelesen werden kann.

Über die in Bildungsprozessen häufig übliche Frage von Dozent*innen *„Was habt Ihr gelernt?"*, waren die Studierenden zunächst irritiert und bemerkten:

> *„Wir haben gehört und gefühlt. Soviel Zeit mir zu nehmen, das habe ich nicht oft. Nach unserem Gespräch habe ich neu gesehen". Möglicherweise haben sich beide Seiten, insbesondere die Studierenden, anrühren lassen von der Frage, „Welche Geschichte möchte ich teilen, so dass sie von mir gehört und weiter erzählt wird?".*

Viele Interviews und die dazugehörige Bearbeitung durch die Studierenden haben mich tief berührt. Da ist Heilung und Verständigung passiert. Viele sind weit über das Fragen nach biografischen Narrationen hinausgegangen.

Insgesamt bin ich von dem Respekt und der Wertschätzung der Interviewenden beeindruckt, vom offenen Zuhören, oder besser Hinhören. Häufig waren Nachfragen sinnvoll, manchmal auch die Fähigkeit *„es einfach so sein zu lassen"*.

### ☰ DIE VORBEREITUNG DER INTERVIEWS

Die Vorbereitung der Interviews bestand in einer längeren Beschäftigung mit dem Thema Resilienz. Wir haben Bücher gelesen und Lebensläufe studiert. Die Form des narrativ offenen Interviews haben wir in Rollenspielen, Partnerübungen und kollegialen Überlegungen erkundet.

Einen besonderen Schwerpunkt bildete das Thema der Gesprächsführung und des Nachfragens. Verständlicherweise ging es da weniger um Techniken als um die Haltung dem DU gegenüber: Interessiert, offen und klar. Hierbei zeigt sich der Respekt gegenüber der Lebensleistung und Lebensbewältigung, der nicht in schneller Zustimmung liegt, sondern vielmehr in aufrichtigem Interesse hinter dem Zuhören und Nachfragen. Dies geschieht nicht der Fakten, sondern der Buntheit des Erlebens wegen. Ab und zu besteht Respekt allerdings auch im Nicht-Nachfragen, in der Annahme dessen, wie die Geschichte erlebt und erzählt wird. Besserwissen oder Zurechtrücken, Ratschläge im Sinne von „(...) *hättest du mal* (...)" haben die Interviewenden durchgängig vermieden.

So entstand eine Atmosphäre der Würdigung, die nur entstehen kann, wenn es uns gelingt, den beurteilenden Teil unseres Verstandes zu zähmen, und offen und neugierig zu sein. Dieser Neugier und Offenheit haben die Studierenden Raum gelassen, was ich hiermit würdigen möchte.

Mir geht es hier nicht in erster Linie um die wissenschaftliche Bearbeitung der Interviews, wenngleich ich die Vorbereitung, die Zusammenfassung und das Finden von Gemeinsamkeiten im Sinne der qualitativen Forschung und einer vergleichenden Analyse in der Kollektion von Fällen ausrichte (vgl. Lamnek/Krell 2016, 467f).

Um eine **gendergerechte Sprache** zu benutzen, habe ich sehr häufig die Endung „*innen" an zunächst männlich konnotierte Worte gehängt, wenn dies für die Lesbarkeit keinen Nachteil bedeutet.

**Die Nachbereitung der Interviews** geschah in der Gemeinschaft. Sie erfolgte im Austausch und der Bearbeitung in kleinen Gruppen der Studierenden in einer Peerberatung, jeweils zu zweit oder zu dritt. Diese gaben sich offene und wertschätzende Feedbacks. Beim Lesen dieser an die Verfasser*innen schriftlich gerichteten Nachrichten bemerkte ich, wie empathisch und zugewandt die Studierenden miteinander kommunizieren. Was für ein Geschenk und eine Chance in einer miteinander gewachsenen und sich näher gekommenen Lerngemeinschaft.

# 3. DIE INTERVIEWS

Es folgen in diesem Kapitel zwanzig Interviews. Zunächst zwei Interviews, die mit der Großeltern-Generation geführt wurden, dann acht Interviews mit der Mutter oder Schwiegermutter, ein Interview mit einer Patentante, drei Interviews mit dem Vater bzw. Schwiegervater und abschließend sechs Interviews mit Freund*innen oder Mentor*innen. Die Interviews in ihrer Betrachtung tragen Titel, die mit den Studierenden abgesprochen sind.

Wo nicht anders gewünscht, sind zu Beginn der Wiedergabe des Interviews die Namen der Interviewenden und auch die Arbeitsstellen im Rahmen der Erzieher*innenausbildung angegeben. Die Motivation der Studierenden zu den Interviews, die Auswahl der Gegenüber und Aspekte der Deutung werden angesprochen.

# AUFMERKSAMKEIT UND RESPEKT SCHENKEN: DIE GROSSELTERN ERINNERN SICH

## ☰ MOTIVATION UND ABSICHT

Der Studierende, der dieses Interview führt und auswertet, möchte nicht namentlich genannt werden. Er erscheint hier als F. Er führt das Interview mit seinen Großeltern väterlicherseits, die beide über 80 Jahre alt sind. Zusammen mit ihnen und mit ihrer Hilfe geht er zurück in seiner Familiengeschichte und stellt fest, welche große Rolle Resilienz in der 58 Jahre währenden Ehe bedeutet. So lautet seine Eingangsfrage in dem narrativen Interview *„Mich interessiert, wie man es schafft, über einen Zeitraum von fast sechzig Ehejahren zusammen zu sein und gemeinsam durchs Leben zu gehen. Wie kam es dazu?"*

Die Großeltern, die hier mit R. (Großvater) und C. (Großmutter) benannt werden, wobei auffällig ist, dass ihr Redeanteil erstaunlich gleich verteilt ist, beginnen mit einem gegenseitigen „Blick der Vergegenwärtigung", den sie im Gespräch immer wieder aufnehmen. Sie erinnern sich und dies mit Humor:

R:  Du magst mich doch noch (...) immer noch? *lacht*

C:  *lacht und stimmt zu*

R:  Und ich dich auch. Ja und dann war unser Leben natürlich eigentlich in jungen Jahren wie'n Rausch. Dadurch, dass die Kinder schnell kamen.

C:  Ja da haben wir dann zusammen gebändelt. So fing das dann praktisch an. Dann erinnere ich mich noch an einen ganz starken Winter, da haben wir immer die ganze Woche Schlitten gefahren bis in die Puppen. (...) Richtig mit diesen langen Schlitten, aneinander gebunden. Das hab ich jetzt direkt in Erinnerung.

F:  Wie alt wart ihr da?

C:  *überlegt* Ich war 14 oder 15 und du *zu R. schauend*, du warst etwas älter.

R:  Ja, so 17, 18.

Sie erzählen von der Geburt ihrer vier Kinder und den Anforderungen des Alltags der jungen Familie, berichten von der stärkenden Gewissheit, es auch ohne Hilfe zusammen zu schaffen.

C:  Ja wirklich, du bist überhaupt nicht zur Besinnung gekommen. Wenn wir so überlegen, dann fragen wir uns manchmal: Wie haben wir das bloß geschafft? Also ich weiß es nicht.

R: Im positiven Sinne!

C: Ja schon positiv, das schon. Wir hätten nur schon ab und zu gern mal ein bisschen Hilfe gehabt. Aber wie die beiden Jungs dann ein bisschen größer waren (die beiden erstgeborenen Kinder, d. V.), konnte ich sie immer zu meiner Schwiegermutter bringen. Meine Mutter hat das nicht so gerne gemacht. Die hat dann immer zu mir gesagt: „Ich habe meine fünf Kinder großgezogen, ich will das nicht mehr, fertig". Das war dann halt so.

Neben den Kindern waren die Mitarbeit in der Landwirtschaft und die in diesem Zusammenhang von der Schwiegermutter erwarteten Beiträge häufig beengend.

C: Den großen Platz fegen zum Beispiel – das musste er jede Woche machen. Und ich musste auch immer Essen auf den Tisch bringen, wenn die Männer auf dem Feld waren. Und da war es ganz egal, wie viele Kinder ich hatte. Aber das haben wir ja dann auch gemacht.

R: Da waren dann immer Leute, die so kleine Landwirtschaft hatten. Denen haben mein Vater und mein Bruder dann immer die Felder gemacht. Die haben dann wiederum geholfen, wenn Erntezeit war. Kartoffelernte, Runkelernte oder was auch immer. Ja und abends wurde dann da eben aufgetischt.

Sehr detailliert erzählen die beiden, stets wieder im Zwiegespräch, von den Sorgen mit den Kindern in der Pubertät und beim Eigenständig-Werden. F. bemerkt hier insofern einen roten Faden, dass sie auf der einen Seite gemeinsam erzählen und es sich auf der anderen Seite oft zeigt, wie sie Herausforderungen, Sorgen und Ängste zunächst mit sich selbst ausgemacht und jeweils im Alleingang bewältigt haben. Er resümiert:

*„(...) hat mich verwundert, dass meine Großeltern nach eigener Aussage schwierige Situationen primär mit sich selbst ausmachen, statt sich gegenseitig zu stützen."*

Die Stärke des Gewähren-Lassens und gleichzeitig des Zutrauens wird an mehreren Stellen deutlich, z.B. als die Großeltern über die Elternrolle sprechen und über die Unterstützung eines ihrer Kinder durch einen Psychologen:

„C: Also zwei Mal war der Psychologe hier und dann hat unser Sohn gesagt „Mama, der Mann soll nicht mehr kommen".

R: Er war ja nun noch sehr klein.

C: Und er musste trotzdem mit dabeisitzen. Wir haben dann aber dort angerufen und gesagt, er bräuchte nicht mehr kommen. Und dann haben wir das halt so gemacht: Wir haben P. einfach laufen lassen. Er ist dann auch wieder weiter zur Schule gegangen.

R: Richtig, wir haben ihn quasi gewähren lassen.

C: Der ist manchmal Nächte nicht nach Hause gekommen und wir konnten ja auch nicht hinterherfahren, wir hatten ja kein Auto. Aber wir haben ihn dann einfach gewähren lassen."

Einen großen Umfang nehmen im Weiteren die Schwierigkeiten ein, im Ort mit allen klarzukommen und sich zu arrangieren.

Eine der größten Lebenskrisen bedeutet für die Großeltern der Tod eines Sohnes durch eine Krebserkrankung. Sie sprechen über Schmerz und auch ihren Umgang damit:

„C: *zu R. blickend* Ich weiß nicht, wie du das verarbeitest, aber ich... *weint* Es geht nicht, es geht einfach nicht. Ich glaube, damit sterbe ich auch. Es geht nicht."

Und als F. fragt, ob sie sich gegenseitig eine Stütze waren:

„C: Ich glaube eher jeder für sich.

R: Ja.

C: *zu R. schauend* Du kannst ja auch gar nicht aus deiner Haut. Du zeigst ja gar nicht so, wenn du traurig bist.

R: Ja, das stimmt. Ich habe ihn oft vor mir und vor allem wenn man einschläft, gehen einem die Gedanken durch den Kopf. Aber für Oma ist es glaube ich noch wesentlich schwerer als für mich.

C: Da haben wir ja schon oft drüber gesprochen *spricht zu mir*. Opas Seite hat das ja nicht so mit dem Weinen. Wir beide sind da anders *lacht ein wenig*.“

Auf die Abschlussfrage von F. *„Angenommen euer Leben wird verfilmt, welche drei Aspekte dürften in diesem Film auf keinen Fall fehlen?"* gestalten sie so etwas wie ein Resümee ihres häufig auch belasteten Lebens:

*„C: Oh, das ist schwierig.*

*R: Also was nicht fehlen würde: auf jeden Fall unsere Hochzeit.*

*C: Ja, definitiv! Und dann: alle Kinder.*

*R: Ja!*

*C: Das ist einfach das Schönste und Beste, was einem passieren kann. Kinder – ganz einfach. Ja und ansonsten, würde ich sagen, unsere Familie *weint* Das ist das Wichtigste.*

*R: (...) dass wir so 'ne intakte Familie haben."*

## ≡ ASSOZIATIONEN

F. benennt in seiner Auswertung des Interviews Aspekte der Würdigung und gleichzeitig der Irritation:

> *„Schon vor dem Gespräch sind meine Großeltern – nicht zuletzt aufgrund ihrer Ehe von fast 60 Jahren – Vorbilder für mich (gewesen). Doch jetzt danach ist ihr Ansehen bei mir nochmal um ein Vielfaches gestiegen. Das Interview löst vor allem ein Gefühl verstärkt in mir aus: Stolz."* (...)

> *„Was mich irritiert, sind die Erzählungen über die zerrütteten Verhältnisse zu den jeweiligen Geschwistern. Sowohl meine Großmutter als auch mein Großvater haben zu mindestens einem Geschwisterteil eine sehr schwierige Beziehung, die letztendlich in gegenseitiger Nichtbeachtung endete. (...) Sie nahmen die Umstände so wie sie waren."*

Im Nachhinein bemerkt er, wie die Großeltern ihre Erzählung mit dem Enkel kokonstruktiv gestalten und auch ihre Dankbarkeit dem Zuhörenden gegenüber ausdrücken:

> *„Die beiden sind sehr dankbar über das ausführliche Gespräch. Zum einen ist dies während des gesamten Interviews dahingehend spürbar, als dass sie sehr detailliert von verschiedenen Geschehnissen berichteten und häufig auch Personen, Unternehmen und Orte benannten, die für sie selbstverständlich bekannt, mir jedoch vollkommen fremd sind (...), was mitunter zu amüsanten Situationen führt."*

Als Risikofaktoren benennt F. den relativ niedrigen sozioökonomischen Status, die sehr lange Zeit anhaltenden Geldsorgen und Sorgen um das Wohl der Kinder. Ebenso findet er an Schutzfaktoren den realistischen Optimismus der Großeltern, deren Durchhaltevermögen und ihren Humor. Und die gegenseitige Bezogenheit der Beiden scheint offensichtlich Halt gebend. Als Charakterstärken benennt F. Durchhaltevermögen, Weitsicht, Vergebung und Humor (vgl. Petersen; Seligman 2004).

# AUSRICHTUNG AUF LEBENSSTÄRKE: „MEINE OMA ÜBERLEBT"

Lara Messer ist eine Studierende, die nach ihrer Sozialassistent*innenausbildung in einer Kindertagesstätte in der Nähe von Marburg den praktischen Teil der Erzieher*innenausbildung ableistet. Sie legt Wert auf ehrliche Zuwendung zu den Kindern und nimmt pädagogische Arbeit als Unterstützung und Hilfe ernst.

## ≡ MOTIVATION UND ABSICHT

Für das Interview wählt Lara Messer ihre Oma, von der sie immer wieder aus der Zeit des Krieges ein wenig gehört hatte, ein Wissen, welches sie nun vertiefen möchte.

> *„Sie wurde im Jahre 1934 in Berlin geboren, also sie hat den Krieg miterlebt, der von 1939 bis 1945 ging. Das ist etwas sehr Weltbewegendes, über das in der Schule oft im Unterricht geredet wird, und früher konnte ich als kleines Kind noch nicht wirklich viel damit anfangen und auch nicht alles verstehen. (...) Jetzt wollte ich allerdings noch mal erfahren, wie es damals so ablief und wie man sich dann beispielsweise nach einem Bombenanschlag so fühlt, wenn man sich an solche Situationen zurückerinnert."*

## ☰ DAS INTERVIEW

Lara Messer nimmt eine seltene Chance wahr, die Zeit vor 1945 zu verstehen und damit auch einen Teil der Biografie ihrer Oma. Diese erzählt vom Aufwachsen mit ihrer Mutter (also der Urgroßmutter der Interviewerin) und den zwei jüngeren Brüdern in einem Vorort von Berlin.

> „(...) dort flogen zwar einige Bomben aber nicht ganz so schlimm, wie in der Mitte von Berlin. ... Im Vorort war es nicht ganz so schlimm mit den Bomben, aber es gab Fliegeralarm. Die Mutti hatte uns gerade ins Bett gebracht und dann fingen die Sirenen an zu heulen, dann mussten wir alle schnell wieder aufstehen, Schlafanzug ausziehen und normale Klamotten anziehen, dann sind wir in den Bunker gebracht worden und da haben wir dann die ganze Nacht verbracht und wenn wir Glück hatten und alles zuhause stehen geblieben war, kam uns die Mutti morgens abholen und dann mussten wir natürlich in die Schule gehen. Die Schulen blieben auch trotz der Bomben stehen."

Der weitere Weg, den die Kinder mit der Mutter erlebten, ist von Ausquartieren und Fluchterfahrungen geprägt. Von der beklemmenden Zeit erzählt sie:

> „Als der Bombenfall immer schlimmer wurde, hat der Führer alle dann ausquartiert aus Berlin. Als erstes ging es nach Ostpreußen, das heißt, die Mutti musste ganz viele Sachen Packen für ihre drei Kinder. Als dann die Russen immer mehr nach Ostpreußen kamen, mussten alle nach Sachsen evakuiert werden bis 1945, und dann durften alle wieder in die Heimat zurückkehren. Also für meine Oma ging es dann zurück nach Berlin Lichterfelde. Das Haus war dann, weil der Vater in der NSDAP war, von Kommunisten besetzt und da mussten wir in eine Mietwohnung ziehen. Ein Zimmer hatte die Wohnung für eine Mutter und drei Kinder und dort wohnten sie einige Jahre."

Die Oma fragt sich und dies ebenso Lara Messer:

> *„Wie konnte meine Mutti das alles mit drei Kindern schaf-*
> *fen, ganz allein während des Krieges? Und als sie evakuiert*
> *wurden nach Ostpreußen, dort waren es zu der Zeit ca.20*
> *Grad Minus. (...) wie die Mutti das hingekriegt hat, dass die*
> *Kinder nicht erfroren sind.“*

## ☰ ASSOZIATIONEN

Lara Messer fasst im Resümee den Blick auf die Kindheit ihrer
Oma zusammen, indem sie auf die Stärke der Oma in der Verantwortung für die beiden jüngeren Geschwister blickt. Diese Verantwortung hat der Oma als Kind Sinn und Halt gegeben und
geholfen, ihr Leben in die Hand zu nehmen, so gut es eben ging.
Zudem hat sie als Enkel Mitgefühl für die Leistung der Mutter
der drei Kinder, also ihrer eigenen Uroma, die die Not des Krieges
und der Flucht überstanden hatte.

> *„Der Vater war zur Kriegszeit in Gefangenschaft und konn-*
> *te seiner Familie gar nicht helfen, konnte weder Frau noch*
> *Kinder beschützen. Sie hat sogar Freunde und Nachbarn*
> *sterben sehen, die die Bombenanschläge nicht überlebten,*
> *zerbombte Häuser können schon sehr traumatisierend sein*
> *und trotz dieser schweren Zeit hat sie sich letzten Endes*
> *doch noch ein wunderschönes Leben (...) aufgebaut, zwei*
> *tolle Söhne bekommen und mich als Enkelin.“*

Lara Messe beschreibt die Resilienzfaktoren ihrer Oma mit den
Begriffen: Annahme dessen, was gerade ist; die eigene Rolle als
große Schwester übernehmen und damit in Verantwortung den
Brüdern gegenüber stehen; das Netzwerk Familie als hilfreich
und als Stütze erleben.

# MUTTERVERBUNDENHEIT VERGEWISSERN

### ≡ MOTIVATION UND ABSICHT

Nina Stache arbeitet im Rahmen ihrer Ausbildung in einer Wald-Kindertagesstätte in Nordhessen. Ihr ist es sehr wichtig, sensibel auf die Kinder einzugehen und sie in Achtsamkeit zu unterstützen, so dass sie sich in ihrer eigenen Art, die Welt zu begreifen und das Leben in Sicherheit und Verbundenheit gestalten können. Vor ihrer neuen beruflichen Orientierung hin zum sozialen Bereich hat sie Bankkauffrau gelernt.

Sie wählt ihre Mutter als Gegenüber in ihrem Interview:

> *„Meine Mutter ist eine verheiratete Frau, die in den 50ern geboren wurde. Eine Zeit, in der ich mir kaum vorstellen konnte, wie es damals war. Sie hat direkt miterlebt, wie die Welt sich so schnell durch die Industrialisierung entwickelt hat. Sie hat außerdem vier Kinder großgezogen. Und das mit einer Pause von fast zwanzig Jahren. Dadurch hat sie bereits eine Menge Lebenserfahrung und ich bin gespannt was ich von ihr erfahren werde.“*

## ☰ DAS INTERVIEW

Zunächst erzählt die Mutter von ihrer Kindheit, vom Spiel der Kinder, den Urlauben am Bodensee, der Freude der anderen Kinder, dem Tanz der Eltern mit Petticoat und Rock´n´Roll.

Einen Einblick in die Nachkriegszeit als junge Frau gibt die Mutter, hier auch über die erlebte Kultur des Sprechens über den Krieg und die siebenjährige Kriegsgefangenschaft des eigenen Vaters:

> *„Aber als mein Vater (der Großvater von Nina Stache d.V.) damals aus dem Krieg kam, und hier in Treysa am Bahnhof ankam, war seine Frau weg. Sie hatte einen anderen Mann kennengelernt, der nicht in den Krieg ziehen musste und den hat sie dann geheiratet. (...) Mein Vater stand dann da am Bahnhof, und die meisten waren sehr krank oder verletzt als sie aus dem Krieg kamen. Im Krankenhaus hat er dann meine Mutter kennengelernt. Angeblich, das hat meine Mutter immer erzählt, sind immer wenn ein Zug kam, alle jungen Frauen an den Bahnhof gelaufen und haben sich dann einen Kerl geschnappt, den sie dann heiraten konnten. Es waren ja nicht so viele Männer da, die meisten waren ja eingezogen worden. (...) Ich weiß nur, dass mein Vater perfekt russisch sprechen konnte nach seiner Kriegsgefangenschaft. Ich konnte als Kind auch gut russisch sprechen, aber jetzt nicht mehr.*
>
> *(...) Die haben nicht viel darüber gesprochen. Das was er immer erzählt hatte, war, dass es nichts Gescheites zum Essen gab. Und die Kriegsgefangen wurden ja sowieso nicht gut behandelt von den Russen."*

Auf die spannende Frage von Nina Stache nach der Szene im Film über ihr Leben, die auf keinen Fall fehlen dürfe, antwortet sie:

> *„Also ganz besonders war eigentlich, als ich dich und deine Schwester nochmal bekommen habe. Weil ich eigentlich nicht mehr damit gerechnet habe. Weil ich damit bereits*

*abgeschlossen hatte. (...) Jedenfalls wollte ich ja eigentlich in der Altenpflege arbeiten, und dann war mir bei der Pflege morgens immer so schlecht, und ich dachte es liegt an der Arbeit, dass ich einfach damit nicht umgehen kann, weil mir ja schon kotzübel war, bevor ich den Raum betrat. Und irgendwann nach ein paar Wochen dachte ich, irgendwas stimmt doch nicht mit mir. Und dann war ich beim Arzt, und der sagte mir, ich sei schwanger. (...)*

*Bei dir war ich ja damals dann jede Woche zum Frauenarzt und hab gefragt, ob er mal gucken kann, ob auch wirklich ein Kind drin ist. Der hatte mich schon für bekloppt gehalten. \*LACHEN\* Ich wollte dich aber nochmal sehen. Ich konnte es nämlich gar nicht glauben, dass ich nochmal schwanger war. Das war sowas Schönes. Ich bin ja auch alleine nach Marburg gefahren, zu dieser Fruchtwasseruntersuchung. Weil ich wissen wollte, ob ihr auch gesund seid. Das waren irgendwie auch ganz schlimme Zeiten mit dir und Larissa. Da ich schon so alt war, wurde gesagt, es werden vielleicht Kinder mit Down-Syndrom. Stell dir vor, du musst dich entscheiden."*

Und erneut ist eine **Entscheidung** zu treffen: Eine herausfordernde Situation für die Mutter entsteht, als die eigene Mutter an Alzheimer erkrankt und sie die Entscheidung treffen muss, diese ins Pflegeheim zu geben, damit sie mit ihrem Kind (der Nina) gesund bleiben kann.

*„Und es wurde als schlimmer und schlimmer mit meiner Mutter und da war ich ja dann auch schon mit dir schwanger. Ich saß dann noch zwei Stunden mit ihr immer da und hab sie gefüttert, sie hat ja nicht mehr richtig essen können. Dein Vater sagte ja immer, ich hätte nur keine Lust mich um meine Mutter zu kümmern. Aber der Arzt hat mir sehr deutlich gesagt, dass ich mich entscheiden muss. Weil ich auch eine Schwangerschaftsvergiftung hatte, und der Arzt sagt, ich solle mich um mich selbst und um dich kümmern. Denn du, mein Baby hat das Leben noch vor sich und meine Mutter hatte es gelebt. Ansonsten kann es sein, dass wir beide auch sterben."*

**In der Rückschau auf das Interview** bemerkt Nina Stache den Wert der Nähe zur Mutter und ebenso das Geschenk des offenen Ohrs für die Mutter, welches sie gerne geben mag. Gleichzeitig hat sie einiges erfahren über die Bedingungen der damaligen Zeit und insbesondere über **Entscheidungen**, mit denen die Mutter im Leben konfrontiert war.

> *„Meine Mutter hat sich über das Interview sehr gefreut, besonders im Nachhinein. Ich vermute, dass sie vorerst eine ganz andere Vorstellung davon hatte. Sich an schöne Momente zu erinnern, vergisst man oft im Alltag. Von diesen Erinnerungen zu erzählen und dass jemand aufmerksam zuhört, ist besonders. Man vergisst ja nicht seine Erinnerungen, aber man vergisst an sie zu denken.“*

### ☰ ASSOZIATIONEN

Bei Nina Staches Mutter geht es an mehreren Stellen um Entscheidungen, die getroffen werden müssen. Für die Kinder, für die Entscheidung zwischen der Pflege der eigenen Mutter und dem gewünschten Kind im Bauch. Möglicherweise sind dies Erfahrungen der Selbstwirksamkeit, die stärken. Möglicherweise aber auch einfach Glücksfälle des Lebens.

Und möglicherweise ist es auch einfach ein Glücksfall für Kinder, eine achtsame Pädagogin in der Wald-KiTa zu haben, in der Nina Stache arbeitet.

# AUS DER SPRACHLOSIGKEIT HERAUSKOMMEN

≡ **MOTIVATION UND ABSICHT**

Ali Gökalp, ein vierzigjähriger Mann in der Erzieher*innenausbildung, ist verheiratet und lebt mit seiner Familie in einer hessischen Kleinstadt. Nach seinem Studium der Islamischen Theologie und die Tätigkeit als Imam richtet er sich beruflich neu aus. Seine Ehe und seine vier Kinder sind ihm wertvoll und er möchte gerade die Vaterrolle bewusst gestalten. In seiner Arbeit in einem integrativen Hort kümmert er sich um einzelne Kinder und deren soziales Miteinander. Ebenso liegt es ihm am Herzen, dass die Kinder sich in ihrer Verschiedenheit und der kulturellen wie religiösen Unterschiedlichkeit annehmen.

Ali Gökalp sucht das Gespräch mit seiner Mutter, welches in den vielen Jahren bisher nicht stattgefunden hat. Dabei wählt er ausdrücklich die Form des Interviews und nicht die Begegnung im gegenseitig bezogenen Dialog. Als sechsjähriger Junge hatte er die Trennung von seiner Mutter erfahren. Seine Eltern bauten in Deutschland ihre Existenz auf, der Junge sollte in der Türkei erzogen werden und aufwachsen.

> *„In diesem Interview möchte ich nun die Gelegenheit nutzen, zu erfahren, wie meine Mutter die Trennung erlebt hat, was ihr die Kraft gegeben hat die Trennung auszuhalten. Bis zu diesem Zeitpunkt habe ich mit meiner Mutter nie über die Trennung, über meine oder auch ihre Erlebnis-*

*se geredet. Vielleicht bin ich diesen Themen immer aus dem*
*Weg gegangen, weil ich mich nicht an diese Zeit erinnern,*
*alte Erlebnisse wieder zurückholen und fühlen wollte. Oder*
*auch, weil ich verärgert bin, weil ich bei Verwandten auf-*
*wachsen musste, obwohl ich meinen Eltern die „Unzufrie-*
*denheit" bei meiner Tante ein paar Mal mitgeteilt hatte."*

Ali Gökalp wägt seinen Entschluss bezüglich des Interviews
nochmals gründlich ab und spürt nach, bevor er seinen Entschluss zum Interview bekräftigt.

> *„Mit diesem Interview möchte ich nun die Gelegenheit*
> *nutzen meiner Mutter zuzuhören, sie zu verstehen, zu*
> *erfahren wie sie diese Zeit erlebt und verkraftet hat. Viel-*
> *leicht wird es ein wenig schwierig für mich sein, weil dieses*
> *Interview auch mich betrifft, ich werde aber meine eigenen*
> *Gefühle im Hintergrund lassen und mich auf meine Mutter*
> *konzentriereon."*

## ☰ DAS INTERVIEW

Die Eingangsfrage von Ali Gökalp ist:

> *„Wie hast du es damals erlebt, dich von deinem sechsjäh-*
> *rigen Sohn zu trennen bzw. 5 Jahre lang getrennt zu sein?*
> *Was hat dir die Kraft gegeben diese Zeit auszuhalten und*
> *durchzustehen?"*

Da seine Eltern im Moment in der Türkei sind, führt er das Interview per Videotelefonie und zeichnet es auf.

Sehr ehrlich beginnt die Mutter nach seiner Frage zu sprechen:

> *„Mein Sohn, wenn du diese Frage stellst, kannst du meine*
> *Augenträner nicht halten. Ich weiß nicht, ich habe Zuflucht*
> *bei Gott gesucht, mich an ihn gewandt. Alles war leer, meine*
> *Welt wurde leer, sich von seinem Kind zu trennen gleicht*
> *nichts auf der Welt, man kann sich von der Mutter, vom Va-*
> *ter, vom Ehepartner trennen, aber die Trennung von seinem*

*Kind ist ganz was anderes. Sollte mein Weg zum Bahnhof führen, endete mein Weg auf der verkehrten Richtung, ich kam nach Hause, weinte und weinte und weinte."*

Die Mutter berichtet, dass sie fünfzehn Tage nach der Hochzeit mit ihrem Mann nach Deutschland ging. Mit ihrem Mann, Schwiegervater und Schwager lebte sie in einer kleinen engen Wohnung. Wenn die drei Männer tagsüber zur Arbeit gingen, sollte sie zuhause bleiben, weil sie noch kein Deutsch konnte.

*„Ein Tag verging für mich wie ein Jahr, nachdem ich nach Deutschland kam. In der Türkei war ich frei, meine Eltern waren wohlhabend, bei uns ging es sehr wertschätzend und liebevoll zu, und hier war alles anders, sehr streng und geldorientiert. Keiner war zuhause, ich konnte nicht raus, ich habe die Tiere, die Vögel die Hunde, mein Dorf vermisst, sogar die Menschen im Dorf, die ich nicht mochte, wurden für mich sehr wertvoll. Mein Leben im Dorf war sehr lebendig, und hier gingen alle zur Arbeit, ich kannte hier niemanden, ich war ganz allein."*

Auf die einfühlsame Frage von Ali Gökalp, was ihr in dieser Zeit Halt gegeben habe, berichtet sie von ihrer spirituellen Anbindung und dem darin inneliegenden Trost.

*„Ich habe mich an meinen Gott gewandt, habe alles ausgehalten, weil ich weiß, dass es einen Tag der Abrechnung gibt. Ich habe gebetet, immer aus dem Koran gelesen, habe Hausarbeiten gemacht, Holz für den Ofen gesammelt und geschlagen. Hätte ich meinen Glauben nicht, hätte ich den Verstand verloren. Wenn ich aus dem Koran las, fühlte ich mich erleichtert, mein Inneres dehnte sich wieder aus und ich konnte wieder aufatmen, es war wie der besondere Regen, der auf eine gedürstete Erde regnet und der endlich erleichtert ist und sich ausdehnen kann."*

Im Weiteren erfährt der Sohn, dass die Eltern zunächst beabsichtigt hatten, wieder in die Türkei zurückzukehren und dem Sohn in der Heimat den Landeswechsel ersparen und ihm eine türkische Erziehung ermöglichen wollten. Der Alltag der Mutter, die den zweiten Sohn bei sich in Deutschland hatte, war voll von Tätigkeiten und Pflichten.

> *„Vergessen kannst du es nicht mein Sohn, aber das Leben schleppt dich mit, du musst kochen, waschen, du hast noch ein weiteres Kind hier (meinen Bruder A.G.), du musst Hausarbeiten machen, du musst Holz für den Ofen sammeln, klein machen. Ich bin auch privat arbeiten gegangen. Kam ich aus der Arbeit, weinte und weinte ich erstmal und begab mich dann zu den Hausarbeiten. Diese Kaugummi-Automaten, ich wollte und konnte die gar nicht ansehen oder daran vorbeigehen, weil du sie sehr mochtest. Immer kam mir dann das vor Augen, du kamst mir wieder in den Gedanken."*

Als Ali Gökalp nach sechs Jahren nach Deutschland kommt, geht das Mutterherz auf:

> *„Als du kamst und auch in den Sommerferien habe ich dann immer schwierige leckere Sachen gekocht, Essen, welches du magst. (...) Dein Bruder sagte dann: ´Wenn er kommt, machst du alles, mir machst du das nicht!´ Ich sagte dann deinem Bruder: ´Du bist immer bei mir und dein Bruder nicht.´"*

## ☰ ASSOZIATIONEN

In der Reflexion spricht Ali Gökalp von seinen Gefühlen nach dem Interview, seiner empfundenen Erleichterung und der innigen und respektvollen Beziehung zu seiner Mutter.

> *„Nach dem Interview habe ich meine Mutter gefragt, wie sie das Interview empfunden hat. Sie sagte, dass es ihr gut getan hat, darüber zu sprechen und dass sie sich erleichtert fühlt. Wir haben wirklich nie so intensiv über diese Zeiten gesprochen, eigentlich haben wir darüber auch gar nicht gesprochen; ich, weil ich verärgert war, meine Mutter, erstens, so denke ich, weil sie nichts davon weiß, wie es mir*

*damals gegangen ist. Ich habe ihr nie von der Zeit in der
Türkei erzählt, und zweitens denke ich, weil sie diese Entscheidung bereut hat."*

An Stärken erkennt er bei seiner Mutter Glauben und Durch-
haltekraft. Er spricht von ihr mit Respekt und Wertschätzung,
bleibt gleichzeitig bei seinen eigenen Empfindungen und seiner
Absicht, Licht in vergangene, schmerzvoll empfundene Situationen zu bringen.

> *„Meine Mutter ist eine bewundernswerte Frau und das
> sag ich nicht, weil es meine Mutter ist. Sie hat eine starke
> Persönlichkeit. Sie ist intelligent und sehr fleißig, das ist
> meiner Meinung nach aus dem Interview deutlich heraus-
> gekommen."*

An **Schutzfaktoren** erkennt er für seine Mutter den familiären
Bezug – dies mag durchaus für die vielen Familien gelten, die aus
der Türkei oder anderen Ländern nach Deutschland kamen und
hier ein Leben aufbauten und gestalteten:

> *„´Dein Großvater hat nie das Geld bevorzugt, sondern uns´.
> Aus diesem Gesagten kann man ein Beziehungsmuster in-
> nerhalb der Familie erkennen, welches von Wertschätzung,
> Respekt und Liebe geprägt ist. Auch ein solches Erziehungs-
> klima gilt als ein Schutzfaktor, genauso wie unterstützende
> Geschwisterbeziehungen, familiärer Zusammenhalt, ein
> religiöser Glaube in der Familie sowie eine adäquate Kom-
> munikation und das Eingebunden-Sein der Familie in soziale
> Netzwerke als wesentliche Schutzfaktoren."*

Meine Gedanken wandern beim Lesen des Interviews zu der
Geschichte des verlorenen Sohnes in der Bibel: Die Freude des
Vaters, der Neid des Bruders. In dem Interview werden mir die
Sorge und der Schmerz der Mutter verdeutlicht. Ich erkenne er-
neut: Versöhnung und Vergebung können empfangen werden
durch das Wunder des Hinhörens, hier: des Sohnes. Sich seines
Schutzfaktors des *„Wachsein für die eigenen Empfindungen"* be-
wusst, kann er Stellen der Vulnerabilität ansprechen und heilen.

# HALT UND HEILUNG MIT DER MUTTER

## ☰ MOTIVATION UND ABSICHT

Ein Studierender, geboren in Mosambik, ist, wie er selbst von sich sagt, schon aufgrund der Erfahrung seit acht Jahren „mit dunkler Hautfarbe" in Deutschland zu leben, achtsam in Bezug auf Ausgrenzung. Er ist Vater eines kleinen Mädchens und arbeitet in einer integrativen „Walddorfschule" als Assistenzkraft in der Einzelbetreuung eines Jungen mit einer Autismus-Spektrum Störung. Sein emphatisches Eingehen auf die Kinder und seine achtsame Kommunikation beeindrucken. Sein Name soll hier nicht genannt sein und ich benenne ihn mit M.

M. entscheidet sich für das Interview mit seiner Mutter, sein Mut bestärkt sich im Interview selbst, sodass er zu Beginn berichten kann:

> *„Es war eine sehr motivierende Erfahrung, mit ihr über eine schwierige Phase ihres Lebens zu sprechen, in der sie sehr stark und beharrlich sein musste, um sie überwinden zu können."*

Spannend, wenn M. von der entspannten Stimmung des Video-Telefonats von Deutschland nach Afrika spricht:

> *„Während ich mich über die niedrigen Temperaturen hier beschwerte, freute sich meine Mutter, dass sie an den Strand gehen kann und erzählte mir, was sie alles unternommen hat. Es war ein sehr fröhliches und entspanntes Gespräch."*

Nach dieser Einstimmung lenkt M. das Gespräch auf seine zentrale Frage, wie seine Mutter es „ausgehalten" habe, mit ihrem Mann zusammen zu sein, trotz der Tatsache, dass dieser eine Beziehung zu einer zweiten Frau hatte.

> *„Ja, ich möchte darüber reden. Von Anfang an habe ich viel Druck von meiner Rivalin bekommen. Es gab Situationen, in denen ich mit meinem Mann spazieren ging und wir sie trafen. Sie schickte ihm dann Luftküsse und manchmal kam sie zu uns und sagte Worte, die ich jetzt nicht wiederholen möchte. Dieses Verhalten machte mich damals sehr wütend. Zuerst ignorierte ich sie und reagierte nicht auf ihre Provokationen. Ich schaute sie einfach an und ging meines Weges, aber irgendwann fing ich an zu reagieren, weil ich das Bedürfnis hatte, und das brachte uns zu großen Streitereien. Zu diesem Zeitpunkt erhielt ich keine Unterstützung von meinem Mann, weil er mich nicht verstehen wollte."*

Die Mutter berichtet von dem Halt, den sie stets in der Kirche und Gemeinschaft fand und noch immer findet:

> *„Die Kirche war der Ort, an dem ich mehr Unterstützung bekam. Als ich angefangen habe die Worte der Bibel zu hören und zu lesen, hat sich mein Leben geändert. Ich habe gelernt, keinen Groll gegen Menschen zu hegen, die mich verletzt haben, weil es nicht hilft, es zerstört nur. (...) Man soll nicht Erbitterung haben, weil die Erbitterung, die du gegenüber jemanden hast, auch in deinen Gefühlen ist. Von*

dem Moment, in dem ich angefangen habe, diese Gewohnheit zu verändern, ist meine Wut und mein Schmerz besser
geworden und das gab mir eines gutes Gefühl."

Eine weitere Quelle von Zuversicht und Stärke benennt die Mutter im Gespräch:

*„Du und meine Mutter waren die einzigen Menschen, die
auf meiner Seite waren, denn obwohl du ein Kind warst,
hast du verstanden, dass die Stimmung zu Hause nicht gut
war. Ich habe mit dir gesprochen und du hast immer gesagt, dass es besser wäre, wenn wir es so lassen und nicht
streiten, sofern wir etwas zum Essen hätten, wäre alles gut.
Das von dir zu hören, war eine sehr große Motivation für
mich."*

In der Rückschau auf das Interview und die für ihn bewegende
Erfahrung der Begegnung mit der Mutter betont M.:

*„Ich hörte meine Mutter mit einer ruhigen Stimme spre-
chen. Während des Gesprächs gab es keine Pause, weder
weinte sie noch war sie aufgeregt. Sie sagte mir, dass sie
kein Problem habe, über das Thema zu sprechen, weil es
nicht mehr weh tue und es vergangene Erfahrungen seien.
Sie war dankbar, dass ich mit ihr gesprochen habe und von
ihren damaligen Gefühlen wissen wollte. Sie ist stolz auf
sich, dass sie diese schwierigen Momente des Grolls, des
Stresses und des Drucks überwunden und ihre Familie zu-
sammengehalten hat. (...) Sie erzählte mir ihre Geschichte,
die ich vorher nicht kannte. Ich lernte von ihr, dass man
in diesem Leben keinen Groll gegeneinander hegen solle,
um zu einem inneren Frieden gelangen zu können. Vorher
hatte ich Zweifel, ob ich dieses Interview mit meiner Mutter führen soll, weil ich dachte, dass sie weinen und sehr
traurig werden würde, aber zu meiner Überraschung war
ich der Mensch, der weinte, als ich ihre Erzählung anhörte."*

*„Heute verstehe ich meine Mutter besser und sehe das Positive in all ihren Bemühungen. Dies erleben zu können, ist für mich eine tolle Lernerfahrung. Ich habe gesehen, dass es sich lohnt für etwas zu kämpfen, von dem man träumt."*

## ≡ ASSOZIATIONEN

Es ist bemerkenswert, dass die Mutter von der Unterstützung der Bibel erzählt und die Reaktion auf Schmerz mit Wut und Empörung als eine Gewohnheit erkennt, die sie sich selbst zuliebe in eine neue Gewohnheit wandeln konnte. Diese Annahme des Schmerzes als Gefühlsreaktion auf eine Situation des Betrugs wird hier entkoppelt von den bisherigen Reaktions- und Handlungsstrategien (vgl. auch Sofer 2021, 198ff). Möglicherweise war es eine Herausforderung, nicht wie „üblich zu reagieren" – in jedem Fall aber eine bewundernswerte Haltung, die die Mutter von M. hier vermittelt.

# VERÄNDERUNGEN IN SELBSTFÜRSORGE GESTALTEN

## ☰ MOTIVATION UND ABSICHT

Sebastian Ott, 33 Jahre alt, wählt als Interviewpartnerin seine Mutter und möchte mehr erfahren über Veränderungen und Einschränkungen, die ein Umzug von der Stadt auf das Land bedeutet. Die Mutter war mit dem Vater der Arbeitsstelle wegen aus Dortmund ins Sauerland umgezogen. Durch die Vermittlung der Schwiegereltern hatten sie eine Wohnung gefunden, ganz in deren Nähe.

## ☰ DAS INTERVIEW

Die Mutter beschreibt zunächst auf die Eingangsfrage hin den Hintergrund des Umzugs und ihre Suche nach sozialen Kontakten. Dabei taucht ihre Hoffnung auf, über die Kinder eigene zu knüpfen:

> „Und dann hatte ich gehofft, Sebastian geht dann da in den Kindergarten, und dann kommt ja auch bald Daniel, und dann wird das schon klappen mit Leute kennen lernen. War aber leider nicht so, weil ich festgestellt habe, dass du in den Kindergarten gehst bevor Daniel kommt, war aber so, du konntest nur in den Kindergarten, wenn du,

> *in Anführungszeichen, trocken warst, also keine Windeln*
> *mehr gebraucht hast. War dem nicht. Du hattest halt be-*
> *schlossen, du willst das noch nicht und dann hab ich dich*
> *abgemeldet und so Anfang des Jahres ging das dann erst.*
> *Und von dem Moment an, wo ich dich abgemeldet hatte,*
> *brauchtest du keine Windeln mehr."*

Und auch der Wunsch, über den zweiten Sohn mit anderen Erwachsenen ihres Alters in Kontakt zu kommen, gestaltet sich nicht einfach, da meist Großeltern das Holen und Bringen der Kinder übernehmen:

> *„Und dann war dann Daniel da. Und dann musste man das*
> *halt managen, und ich hatte halt gehofft, wenn du dann in*
> *den Kindergarten gehst, dann lern' ich schon irgendwelche*
> *Leute kennen. Das Problem war nur, die Kinder wurden*
> *meistens von Großeltern abgeholt, nicht von den Eltern*
> *selbst, und so hat es fast ein Jahr gedauert, bis ich den*
> *ersten Kontakt gefunden habe. Und das ist dann natürlich*
> *so ein Problem. Hier vor Ort, die waren alle arbeiten und*
> *die Großeltern haben dann die Kinder betreut."*

Hinzu kommt, so berichtet die Mutter, die Schwierigkeit als evangelische Familie in einer katholischen Gegend zu leben. Hierüber erzählt sie keine konkreten Erlebnisse.

> *„Und dann war das halt eine schwierige Geschichte, weil*
> *das alles halt katholisch abgelaufen ist. Da war das manch-*
> *mal nicht so ganz einfach. Vor allem nicht in so einer Ge-*
> *gend wie hier, wo halt überwiegend Katholiken wohnen."*

Sehr dicht wird das Interview, als Sebastian Ott seine Mutter fragt:

> *„Wenn ein Film über dein Leben gedreht werden würde, was für*
> *Schlüsselszenen dürften nicht fehlen?"*

> *„Schlüsselszenen, [überlegt einen Augenblick] also definitiv*
> *die Geburten meiner zwei Söhne. Von dir und von Daniel.*
> *Das auf jeden Fall. Es sind auch prägende Geschichten*
> *und die Erinnerung daran, die ist sehr frisch im Vergleich*

*zu anderen Sachen. Dann natürlich die Hochzeit, das war auch eine lustige Geschichte mit Georg [lacht]. Ja das ist auch wichtig. Da warst du ja irgendwie so halb dabei."*

Weitere Schlüsselszenen, die ihr einfallen, sind die Abschiede von den Großeltern der beiden Kinder. Über die Beerdigungsfeier des Großvaters in der Coronazeit erzählt sie:

*„Dann, was ich glaube auch nicht vergessen werde, ist, dass wir Opa Otto haben gehen lassen müssen, ohne dass wir da irgendwie, irgendwas machen konnten. Wir konnten ihn nicht besuchen, wir konnten ihn nicht beerdigen, wir konnten irgendwie gar nichts. (...) Also Liesbeth (die Oma von Sebastian Ott, d.V.) hat schwer dran zu knabbern gehabt, dass wir da keine Beerdigung hatten. Aber das Blöde war jetzt auch noch Corona, ne. Einmal durften wir ja nicht zu Opa Otto, ich durfte ja nicht ins Krankenhaus und dann eine Beerdigung wäre nicht indoor gegangen, sondern nur außerhalb mit maximal acht Leuten."*

In der Erinnerung an die eigene Kinderzeit berichtet die Mutter mit Begeisterung von einer Erzieherin und deren Zugewandtheit und Liebe:

*„Ich habe auch ein Bild vor Augen. Ich bin sehr gerne in den Kindergarten gegangen. Ich war in dem Kindergarten von einer freien Kirche ... Katholisch oder evangelisch, irgendwie so was. Und die Erzieherin, Tante Hannelore, da hab ich auch noch immer ein Bild von vor Augen. Die habe ich heiß und innig geliebt. [lacht] Das fand ich toll. Also absolut. Da bin ich gerne hin gegangen. Die war eine begnadete Erzieherin. Absolut.*

*Ganz viel haben wir gebastelt. Zu Festen haben wir Bühnenstücke eingeübt. Also zu Weihnachten haben wir was eingeübt. Irgendwie ich weiß noch, Ostern war auch was. Ich glaube, die andere hieß Luise, aber die hat, war, also Hannelore war sehr prägend. Und dann haben wir die Kostüme bekommen, die haben die selber gemacht. Und im Frühling dann waren wir Blumenkinder. Da hatten wir aus Krepppapier so Blüten für den Kopf und Röckchen und so*

*was und die Jungs kriegten dann auch, ich weiß nicht, was
die dann waren. Und dann Weihnachten gab es dann so
ein Krippenspiel. Da waren wir dann Engelchen und was
nicht alles. Und das hat die alles mit uns eingeübt. ... Also
wir kriegten zum Beispiel zu Nikolaus, da kann ich mich an
eins erinnern, da hat sie aus Pappe so einen Schuh gebastelt und dann so eine kleine Süßigkeit drin und dann krieg-
te das jedes Kind. Und dann zu Weihnachten irgendwie ein
kleines Geschenk. Und das sind alles Sachen, die hat sie
aus ihrer Tasche bezahlt."*

Das Thema der Kontakte und sozialen Einbindung ist für die
Mutter von Sebastian Ott bedeutend, wenn sie am Ende des Interviews betont:

*„Wenn ich es mir aussuchen könnte, ich weiß nicht, ob ich
Belecke jetzt bevorzugen könnte. So ganz schick find ich
das immer noch nicht hier. Was mich hindert, da etwas
anderes zu machen, etwas Neues zu machen und weg zu
gehen, ist, dass du eben alle deine sozialen Kontakte ab-
gibst. Und da noch mal neu anzufangen, ab einem gewissen
Alter wird es dann auch schwierig."*

## ☰ ASSOZIATIONEN

In der Auswertung beschreibt Sebastian Ott spannend, dass die
Erinnerungen an das Interview in vielen Fällen nicht deckungs-
gleich mit dem Gesprochenen und in der Aufnahme noch einmal
Gehörten waren. Möglicherweise gerade ein Phänomen, welches
im Interview mit nahestehenden Menschen auftaucht, die zudem
über die eigene Geschichte des Interviewers erzählen. Dies zeigt,
wie wertvoll Tonaufnahmen der Interviews sein können.

Reflektierend stellt Sebastian Ott den Bezug zu Resilienz dar und
arbeitet an Stärkendem und erworbenen Stärken heraus: Familie,
*„die Fähigkeit soziale Unterstützung zu mobilisieren"* (Wust-

mann 2015, 196), Verbundenheit und Erinnerung an die eigene Erzieherin und damit auch Resilienzgeberin („*Die habe ich heiß und innig geliebt (...)*"), sowie das Wissen, dass das Leben „*halt immer weitergeht, (...) man ist ja auch neugierig, was noch sein kann, was noch passiert.*"

Der Verlust von Kontakten und gleichzeitig die Kraft für neue Beziehungen weisen auf Vulnerabilität wie auch auf eine möglicherweise wesentliche Motivation der Mutter zum Leben hin.

Sebastian Ott arbeitet im praktischen Teil der Erzieher*innenausbildung in einer Kindertagesstätte. Ihm ist es wichtig, den Kindern ein achtsames Gegenüber zu sein und sie in Freude und Lebenslust zu stärken. Insofern wird er zum annehmenden und inspirierenden Pädagogen, ein wenig ähnlich dem, wie es in den Erinnerungen der Mutter an den erlebten Kindergarten beschrieben ist.

# MAMA, VERLETZLICH UND DENNOCH UNBESIEGBAR

## ≡ MOTIVATION UND ABSICHT

Jaqueline Trutschel ist eine Studierende, die sich nach einer Lehre als Fachangestellte für Arbeitsförderung und ihrer Tätigkeit im Arbeitsamt für die pädagogische Ausbildung entscheidet. Ihr liegen Jugendliche am Herzen, die aufgrund ihrer Herkunft und ihren Leiderfahrungen Unterstützung und Unterbringung in der Jugendhilfe oder einer Pflegefamilie benötigen. Dabei ist ihr Ansatz das einfühlsame Verstehen der Lebenskräfte und Bedürfnisse der Jugendlichen. Es geht ihr ausdrücklich nicht um „Zurechtstutzen und Anpassen" von Menschen, sondern um das Verstehen und Eingehen auf jene Menschen, die ihr Eigen-Sein oftmals bisher wenig kennen und leben können.

Sie erkennt in der Bitte zu dem Interview im Unterrichtszusammenhang eine Chance zum Gespräch mit ihrer Mutter, die sich ihr – viel weiter als zunächst gedacht- öffnet und bemerkt in der Rückschau:

*„Ich bin dankbar für diese Aufgabe, sie brachte mich in ein längst überfällig gewesenes Gespräch."*

Damit ergibt sich für sie die Möglichkeit zu einer Erfahrung von Resilienz in der Begegnung mit einem ihr lieben Menschen:

*„Manchmal, wenn ich in meinem Lieblingssessel liege und durch das große Wohnzimmerfenster raus in den von Nebelschleier eingehüllten November-Tag blicke und es sich gerade alles mal wieder so schwer anfühlt, als hätte das Leben mich einmal mehr in die Knie gezwungen, da stelle ich mir die Frage, wie ich das alles bloß schaffen soll, was da gerade vor mir liegt und mir Sorgen bereitet. (...) Schließlich trifft mein Instinkt noch auf mein Urvertrauen, welches sich an eine Hand voll Menschen erinnert, die mich in den Momenten meines Lebens, in denen ich mich verwundbar und schwach fühle, sehen und mir das Gefühl geben, mich verstehen zu können und mich so annehmen und akzeptieren, wie ich eben bin."*

Über ihre 56-jährige Mutter spricht sie mit Respekt und Freude:

*„(...) verspürte ich doch bereits unzählige Male Bewunderung für die Leichtigkeit, mit der sie durchs Leben geht. Doch das war nicht immer so, denn es gab durchaus eine Vielzahl von Momenten der Verzweiflung und Niedergeschlagenheit in ihrem Leben und es ist mir irgendwie ein wenig peinlich, immerhin ist sie einer der wichtigsten Menschen in meinem Leben, zugeben zu müssen, dass ich meine Mama noch nie danach fragte, was oder wer sie denn überhaupt bislang durch die tristen Novembertage in ihrem Leben trug."*

## ☰ DAS INTERVIEW

Die Mutter ist zu Beginn der Verabredung (die Begegnung findet aufgrund der Entfernung mit Zoom statt) zunächst etwas verunsichert und die Tochter zeigt Mitgefühl:

*„Da muss ich bestimmt wieder weinen", sagte sie hingebungsvoll und ich antwortete ihr: „Ja, das kann möglich sein, ich vielleicht auch. Dann machen wir das eben gemeinsam".*

Die zentrale Frage von Jaqueline Trutschel betrifft die Trennung der Mutter von ihrem Mann, die sie und auch ihr Bruder als Krise erlebt hatten, wobei diese Trennung aus Sicht der Mutter eher zu Stärke und Mut führte. Die von ihr zuvor erlebte Enge wird als Impuls zum Handeln genutzt:

> *„Auslöser war, dass mein damaliger Mann sich damals durch einen für mich unvergesslichen Auftritt Zugang in meine Privatsphäre, zu meinem neu geschaffenen und ganz persönlichen Rückzugsort verschaffte und dabei zudem stark alkoholisiert und sehr ungepflegt erschien, was in mir ein extremes Schamgefühl hervorrief. Ich schämte mich für seinen Auftritt so sehr, dass dieses Gefühl in mir eine innere Stimme weckte, die mir sagte, nun sei es an der Zeit. Nach all den vielen Jahren brauchte es diesen, im Vergleich zu all den anderen Vorfällen, kleinen Auslöser, dieses gewisse I-Tüpfelchen, das noch gefehlt hatte und mir in dieser Situation irgendwie die Kraft verlieh, die ich zuvor nicht aufbringen konnte. Aus der Erniedrigung heraus wuchs mein Mut, kann man sagen.“*

In diesem Zusammenhang erzählt die Mutter im Weiteren von Belastungen, die der rasche Umzug aus dem Osten Deutschlands mit sich brachte. Sie spricht von der Erfahrung des fehlenden Rückhalts und von der Bedeutung der Freundschaften:

> *„Und Menschen aus meiner Vergangenheit, wie z.B. meine Jugendfreundin Manu, die hatte ich seit der Wende nicht mehr gesehen, da ihre Familie ebenfalls wegging. Als die Mauer fiel, ging alles so schnell, viele ergriffen sofort die Flucht, aus Angst, morgen könnten die Grenzen wieder geschlossen werden. Da wurden nicht nur Familien von jetzt auf gleich teilweise auseinandergerissen, auch Freundschaften. In vielen Momenten, in denen ich traurig war, wünschte ich mir meine Freundin zurück, so, als würde ich mir sicher sein, sie könnte dafür sorgen, dass es mir wieder besser geht, indem sie mir vielleicht einfach nur bei Seite*

*steht. Viele Jahre später kam es ja tatsächlich dazu, dass*
*wir uns wieder hatten und heute leben wir sogar wieder*
*ganz nah beieinander, damals fehlte sie mir."*

Für den Mut zur Trennung und dem Erhalt der eigenen Würde und Standfestigkeit fehlte ihr in vielen Jahren der Ehe der Rückhalt durch die eigene Herkunftsfamilie, welchen sie in einem eindrücklichen Bild beschreibt:

> *„Wenn man genügend Menschen hinter sich hat, die einem*
> *den Rücken stärken und Mut zusprechen, dann gibt einem*
> *das doch Kraft und Mut, vor allem dann, wenn es die eige-*
> *ne Familie ist. Ich habe mir oft vorgestellt, wie es gewesen*
> *wäre, würde mein großer Bruder noch leben und mir bei-*
> *stehen können, so wie er es früher oft tat. Oder der eigene*
> *Vater. Es hätte mir in so manchen Situationen oder, wie du*
> *es sagtest, bei so manchen Hürden, viel geholfen, denke ich.*
> *Manchmal fühlte ich mich nämlich so hilflos, wie ein kleines*
> *Kind, dem niemand zur Hilfe eilt, wenn es Hilfe benötigt."*

Der Abschied aus der Beziehung (Jaqueline ist gerade ausgezogen, der Bruder 18 Jahre alt) bedeutet für die Mutter eine selbstbejahende Entscheidung und völlige Neuorientierung, die nun an dem sicheren Ort der eigenen Wohnung stattfinden kann:

> *„Ich konnte mich an diesem Ort zurückziehen und an mir*
> *und meiner Gesundheit arbeiten, was mir damals aus*
> *ärztlicher Sicht dringend geraten wurde, denn das viele*
> *arbeiten, der Stress, überwiegend auf emotionaler Ebene,*
> *die unbewusste Ernährung und mein Übergewicht führten*
> *mehr und mehr zu gesundheitlichen Beschwerden. Es war*
> *kurz vor zwölf, wie ich immer so schön sage. Ich begann*
> *also regelmäßig Sport zu treiben, meine Ernährung umzu-*
> *stellen und versuchte mehr Ruhe und Frieden in meinem*
> *Leben zu finden."*

Der Sportclub wird zu einer *„neuen Familie"*, hier sieht sie sich gesehen als eigenständige Person und nicht als *„Anhängsel"*. Zudem erlebt sie Zuflucht, Freundschaft und Ermutigung gleichzeitig.

Auch spricht sie über das gewachsene positive Selbstgefühl durch gesundes Leben, Beweglichkeit und die Reduktion ihres Körpergewichtes um dreißig Kilo:

> *„Das Ganze hatte letzten Endes rein gar nichts mit meinem Körpergewicht zu tun, sondern, so denke ich heute darüber, mit einem besseren Körpergefühl und der sich daraus entwickelten positiven Ausstrahlung, auf die reagierten die Menschen in Wirklichkeit.“*

Im Rückblick auf diese Zeit und die Stärkung und Ermutigung zum eigenen Weg bemerkt sie:

> *„Familiär gesehen fühlte ich mich nicht so sehr verstanden und gesehen, dort traf ich dann auf Menschen, von denen ich mitbekam, dass auch sie Sorgen und Nöte im Leben haben. Da fühlte ich mich mit ihnen auf eine Art und Weise verbunden, denn da hatten wir ja etwas Gemeinsames. Ich fühlte mich in deren Gegenwart so normal, vorher schämte ich mich oft, gerade auch, wenn ich Nachbarn begegnete, die den Ärger bei mir zuhause oft mitbekommen hatten. Um auf deine Frage zu antworten, ja, dieser Ort war mir heilig, ganz richtig, das ist das treffende Wort. Und da war er hinein eingedrungen. In den Ort, den ich manchmal sieben Tage die Woche aufsuchte, um Glück zu tanken. Um Kraft zu tanken. Um mit all dem, was zuhause war, etwas besser zurechtkommen zu können. ... Und in Verbindung mit dem Abnehmerfolg und den neuen Aussichten auf Freundschaften und einen Job, der mir Spaß bereitete, da änderte sich plötzlich so viel für mich. Und das fühlte sich richtig gut an. Mit einem Mal baute sich auf diesem wackeligen Gerüst eine immer stabiler und kräftiger werdende Sabine auf, die am Ende nicht mehr gleich drohte sofort umzukippen, wenn ein Windstoß auf sie zu wehte.“*

Die stabilen Beziehungen zu anderen Menschen und zudem die Erfahrung an der neuen Arbeitsstelle, ganz angenommen zu werden und willkommen zu sein, geben ihr den Halt, den sie in ihrer Kindheit vermisst hatte.

> *„Nirgendwo anders fühlte ich mich zu dieser Zeit sonst*
> *so bestätigt und anerkannt, insbesondere durch so eine*
> *liebenswerte Chefin, wie sie Anni immer war. Für mich*
> *war sie mehr als nur eine Chefin, denn Anni war wirklich*
> *immer gut und herzlich zu mir und gab mir das Gefühl,*
> *immer auf sie bauen zu können, auch außerhalb der Arbeit.*
> *Es fühlte sich wie ein Ersatz für deine Oma an, bei der mir*
> *diese Wärme und das Vertrauen immer fehlte. Die Krux an*
> *der ganzen Sache war, ich musste erst mal begreifen, dass*
> *ich Anni auch auf meiner Seite hatte, wenn ich mal nicht*
> *100 Prozent leisten konnte, denn das setzte sie nie voraus,*
> *und ich musste ihr gar nichts beweisen."*

Die Liebe zu ihren Kindern und insbesondere zu Jaqueline erinnert sie als Ermutigung und Sinn.

> *„Also man kann sagen, außer meiner Tochter, hatte ich in*
> *dieser Phase keine Unterstützung von Menschen, die mir*
> *eigentlich nahestehen sollten, ich meine damit meine Fa-*
> *milie. Nun bin ich ja auch nicht der Mensch, der unbedingt*
> *danach fragt. Ich kann schon sagen, ich hätte es mir ge-*
> *wünscht, wenn meine Mutter z. B. in dieser schwierigen Zeit*
> *mal etwas für mich übriggehabt hätte."*

Die Mutter findet in den Jahren nach der Trennung einen neuen Partner, der ihr Rückhalt und Sicherheit gibt, sie entwickelt eine Ich-Stärke, die mit Resilienz bezeichnet werden kann und ihr z. B. in Herausforderungen an neuen Arbeitsstellen hilft, also somit nachhaltig werden kann:

> *„Und selbst als ich in das darauffolgende Fettnäpfchen, ein*
> *noch katastrophaleres Arbeitsverhältnis, trat, behielt ich*
> *mir meine Stärke vor Augen, denn hinter mir lagen Berge,*
> *die ich bereits überwinden konnte, also warum nicht auch*
> *diesen. Immer auch wohlwissend, ich habe einen Partner*
> *an meiner Seite, der mich bei meiner Entscheidung unter-*
> *stützt."*

Zusätzlich zu dem neugewonnenen und neugefundenen Umgang mit sich selbst und den Herausforderungen des Lebens erinnert sie sich an eine weitere Energiequelle, die des sicheren Ortes von inneren Frieden in einer Kirche mit Stille und meditativer Musik:

*„Mitleid hat noch niemandem geholfen. Viele Menschen können ja auch gar nicht damit umgehen, wenn es anderen Menschen schlecht geht und meinen, einem mit Floskeln wie „das wird schon wieder" gut zuzusprechen. Ich mag es lieber, wenn man mir gerne zuhört, denn ich glaube wirklich, dass das schon so viel bewirken kann, wenn man sich bei jemandem einfach mal alles von der Seele reden kann. Und wenn es mir richtig schlecht ging, dann setzte ich mich in die Kirche. In irgendeine, am besten in eine, in der die Tür aufstand und jemand gerade am Orgel spielen war. Jetzt denkst du bestimmt, ich veralbere dich. Nein, wirklich. Dort konnte ich ganz nüchtern mit mir sein und mir meine eigenen Gedanken zurechtlegen und herausfinden, wie es mir gerade erging und was ich gerade brauchte. Das tat mir sehr gut, denn ich konnte mit mir mal alleine sein, ohne Angst vor dem Alleinsein zu haben, wenn du verstehst, was ich meine. In einer Kirche fühlte ich mich noch nie allein."*

Im Rückblick formuliert sie in Bezug auf ihr Leben und den Umgang mit Krisen und Niedergeschlagenheit:

*„Unter mein damaliges Leben einen dicken, keinen schwarzen, aber einen regenbogenfarbenen Strich zu ziehen. Einen Neuanfang zu machen, in einer anderen Stadt, mit einer anderen Arbeit, mit einem neuen Mann. Das Schwarze aus dem Leben davor wollte ich nicht mitnehmen, denn davon wollte ich mich distanzieren oder besser gesagt, von den negativen Erfahrungen. Aber die Regenbogenfarben nahm ich mit, alles, was mir zu dem geholfen hat, wo und wer ich heute bin. Und irgendwie gehören ja auch die Erinnerungen an alte Hürden, Krisen und Herausforderungen, die im Unterbewusstsein immer mitschwingen, dazu, denn daran messe ich heute, wie gut es mir geht und das hält mich im Gleichgewicht."*

Eine Neuentdeckung des Ausdrucks von Mut und Selbstfürsorge ist für sie der freie Tanz.

„Früher machte ich die Rollläden dabei runter und noch viel früher wäre ich niemals durch die Wohnung getanzt. Heute ist mir das egal, ich tanze, sobald ich merke, ich brauche eine Pause vom Leben, denn das Tanzen bringt mir Ausgeglichenheit. So wie du dich nach einer Stunde Indoor-Cycling fühlst, so fühle ich mich, nachdem ich eine halbe Stunde lang durch die Wohnung tanze. Ich bin dann ganz bei mir und erfreut und voller Kraft, nachdem ich den Frust des Alltages mit allem Negativem, was er manchmal so mit sich bringt, weg getanzt habe. Ein bisschen albern, nicht wahr. Aber es hilft mir. Es erinnert mich dann auch an meine Kindheit, als ich zum Ballett ging. Leider wurde mir das ja von meinen Eltern genommen, aber das ist eine andere Geschichte."*

## ☰ ASSOZIATIONEN

Jaqueline Trutschel ist in dem Interview ihrer eigenen Quelle und einem wesentlichen Teil ihrer Wurzeln auf der Spur. Im offenen Gespräch mit ihrer Mutter erfährt sie von deren Umgang mit Krisen. Gleichzeitig stellt sie Verbindungen her zu ihrem eigenen Wissen und ihrer eigenen Art, dem Leben zu begegnen und in dieses einzutauchen. Körpergefühl stärken, Orte des Rückzugs suchen und nutzen, Verbindungen zu Menschen suchen, Freundschaften tanken, Wildheit zulassen – dies sind nur einige Keywords, die sie im Interview vor Augen geführt bekommt. Diese Stärken erkennt Jaqueline Trutschel in der Reflexion als *„ihr ebenso eigen"*. Die Trennung von Beschwerendem lernt sie sowohl bei der Mutter wie sich selbst als Stärke kennen.

In Interview und Auswertung zeigen sich ihr zwei wichtige Aspekte von Resilienz, die auch in spirituellen und sozialen Forschungen benannt werden.

Zum einen benennt sie die Definition von Resilienz als Haltung *„anpassungsfähig mit dem Leben umzugehen, sich zu biegen,*

*aber nicht zu zerbrechen, und dann ... wieder in den ursprüng-*
*lichen Zustand zurückzuspringen (bounce back)"* (Hanson 2014,
16).

Zum anderen fasst Jaqueline Trutschel eine wertvolle Erfahrung
aus dem Interview zusammen als *„die Bedeutung von dem The-*
*ma Liebe zulassen"* (und damit auch das Zulassen und Erinnern
der eigenen Liebe zur Mutter) *„(...) dass selbst die Erinnerung*
*an jemanden, den wir lieben, durch den wir uns geliebt fühlen,*
*oder die Vorstellung von einem solchen Menschen ausreicht, um*
*kleine, aber regelmäßige Dosen Oxytocin freizusetzen"* (Graham
2014, 278).

Die Abschlussbemerkung von Jaqueline Trutschel spricht für
sich: *„Vor ein paar Tagen bedankte ich mich für das Interview*
*noch einmal mit einem Frühstück und sagte ihr, sie sei eine sehr*
*mutige Mama. Darauf antwortete sie mir: ´Ich bin mutig, weil*
*du bei mir bist`"*.

# MARTINA – WIE EIGENSTÄNDIGKEIT ERLEBT WIRD

## ☰ MOTIVATION UND ABSICHT

Silke Pfeiffer Müller lebt in Mittelhessen und hat zusammen mit ihrem Mann und ihrem Sohn. Vor der Erzieher*innenausbildung hat sie ihren Eltern zuliebe, so ihre eigene Aussage, eine Ausbildung zur Assistentenanwärterin im mittleren nichttechnischen Dienst gemacht und sich kurz vor der Verbeamtung und nach einer Ausbildung als staatlich anerkannte Kosmetikerin neu orientiert.

Ihr Engagement für Kinder und Jugendliche bezieht sie aus einer ethisch fundierten Haltung des Helfens. Ihr Wunsch ist es, Menschen zu unterstützen, Leid zu vermindern und in einer tragfähigen Selbstwirksamkeit Freude und Glück zu empfinden. Mit Empathie versetzt sie sich in Kinder hinein, die in der Einrichtung oft herausfordernd empfunden werden, da diese nur schwer mit ihren starken Emotionen umgehen können. Sie ist dann bemüht, eine neue und andere Sichtweise zu bekommen und dem Kind und Jugendlichen einen frischen Blick zu schenken.

Sie führt ein narratives Interview mit ihrer lebenslustigen Schwiegermutter Martina, die 1957 geboren in einer mittelhessischen größeren Stadt im Alter von zwanzig Jahren zu ihrem Partner und ihren Schwiegereltern von der Stadt aufs Land gezogen ist. Genau dieser Übergang interessiert sie, möglicherweise auch deshalb, weil sie selbst der Partnerschaft zuliebe den Wechsel Stadt-Land vor Jahren gewagt hat. Sie bemerkt,

> „(...) dass es doch die ein oder andere Parallele zwischen mir und meiner Schwiegermutter gibt, aber eben auch große Unterschiede der Sichtweisen auf verschiedenste Situationen in den Lebenslagen."

## ☰ DAS INTERVIEW

Auf den Umzug angesprochen, der gerade nach einem Jahr der Bekanntschaft erfolgte, bemerkt Martina, dass das neue Lebensumfeld in Gemeinschaft der großen Familie für sie anregend war, gleichzeitig das Dorf aber weniger spannend:

> „Also ich muss sagen, das hat mir sehr gut gefallen, denn es waren ja immer Leute da, man war nie allein, weil Zuhause war ich meistens allein. Weißt ja, dass meine Eltern beide gearbeitet haben und ich ja mit meiner Schwester immer alleine war bis abends. Ja am Anfang dachte ich schon, es ist komisch so aufm Dorf. Es war wenig los."

Das neue Zuhause bringt gleichzeitig ziemlich schnell auch die Erfahrung der Enge mit sich.

> „Wir haben ja dann oben im Haus uns die kleine Wohnung zurecht gemacht. Wichtig war mir eine eigene Küche. Naja das Bad war halt im Keller und das mussten wir uns auch teilen. Das ist mir sehr lange schwergefallen, denn ich habe mich immer zurückgehalten und gefragt, ob ich jetzt ins Bad könnte. Ich hatte schon sehr gute Schwiegereltern, aber es gab auch manchmal Situationen, wo man nicht alleine war. Zum Beispiel standen die dann einfach oben bei uns im Zimmer ohne anzuklopfen. *lacht*(...) Ich erinnere mich genau an einmal. Da stand die Oma Grete mit ihrem

*Nachthemd einfach bei uns morgens im Schlafzimmer. Sie wollte wissen, wann wir denn endlich aufstehen wollen und so Sachen."*

Immer wieder geht es um das Bewahren von Eigenständigkeit und damit auch um die Balance von Abgrenzung und Nähe.

*„Mit der Wäsche haben wir dann einen Kompromiss gemacht. Also alles, was ich runter gebracht habe in die Waschküche, konnte sie dann mitwaschen, damit die Waschmaschine voll wird. Aber bügeln wollte ich! (...) Der Garten war eh ein Thema für sich. Das sollte ich alles noch lernen. Der Garten war aber auch der Stolz meiner Schwiegermutter. Wenn dann so Sachen wie Bohnen und Karotten geerntet wurden, war klar, dass ich helfen musste. Karotten einmachen (...) puh, das war nicht mein Ding. Aber ich habe es gemacht. Wir durften ja auch mietfrei wohnen. Das habe ich dann einfach gemacht. War schon in Ordnung, und ich war ja gerne mit der Familie und Leuten zusammen."*

Auch von deutlichen Meinungsverschiedenheiten berichtet Martina, beispielsweise wenn es um die Erziehung des kleinen Sohnes (also des Mannes von Silke Pfeiffer-Müller) geht. Sie beschreibt ihre Schwiegermutter als ängstlich und deutlich wenig in dem Vertrauen, dass *„schon alles gut gehen kann"*.

*„Wo wir uns dann in die Wolle gekriegt haben, das war beim Kim. Als der Kleine dann laufen konnte (...) Naja ich habe anders gedacht. (...) Die Schwiegermutter dann aber: Nee das geht nicht! Du musst mehr gucken, dass nix passiert." Also ich sollte ihn nicht alleine klettern lassen (...) irgendwo hoch oder runter. Da hatten wir immer diskutiert. Auch hier mit unserem Hoftor. Ich habe den Kim im Hof spielen lassen und das Hoftor war offen. Naja und sie wollte dann eben, dass das Hoftor zu ist, wenn der Kleine spielt. Naja und ich war eben der Meinung, dass Kim nicht einfach aus dem Hof rausgeht. Da hatten wir dann wegen sowas schon Meinungsverschiedenheiten."*

Eine deutliche Meinungsverschiedenheit gab es beispielsweise bei der Frage, ob das Baby eine Flasche mit Babynahrung oder einfach mit Milch und Haferflocken bekommen solle, hier berichtet Martina mit Achselzucken und einem Schuss Humor von einem Prozess des Widerstands und später der Annahme.

> " (...) und ich hatte ja nur im Kopf, die ekeligen Haferflocken... ich kann das nicht riechen beim Kochen, das ist ekelig. Da kam mir immer die Haferflockensuppe von meinem Vater in den Sinn (...) Irgendwann hatte ich es dann doch probiert. (...) Naja und was soll ich sagen? Kim hatte die erste Flasche davon getrunken und nie mehr gespukt. Naja und dann denkt man schon drüber nach, dass man auch mal was von anderen annehmen sollte. Aber wenn man jung ist(...) "

Als nach einigen Jahren die Schwiegermutter stirbt, wird von Martina die Versorgung des Vaters erwartet und sie seufzt:

> „ Jaaa *seufz* Das wurde mir dann tatsächlich auferlegt. Es war mir ja auch irgendwie klar, aber für den Schwiegervater war das ganz selbstverständlich. Ich war ja nun mal da und somit muss ich nun alle anfallenden Arbeiten im Haus erledigen. Also kochen, waschen, bügeln, putzen (...) täglich die Betten machen. Alles für ihn(...) Hab aber nach einer Weile gemerkt, dass ich das so eigentlich nicht will. Ich musste ja quasi dann meinen Haushalt und den vom Schwiegervater führen. *Pause* Aber was sollte ich machen? Ich habe es gemacht. Hab irgendwie immer alles so gemacht, wie es erwartet wurde. (...) Weißt du Silke, (...) Ich bin ja auch so erzogen worden von meinen Eltern, dass man sich nicht beklagt. Gewisse Dinge hält man aus und beschwert sich nicht."

Martina erleidet später einen Schlaganfall, von dem sie sich gut erholt, den sie selbst aber als „Wachrüttler" bezeichnet.

> „Wenn das alles nicht so gekommen wäre, wäre ich ja auch irgendwie nicht die, die ich heute bin. Bewusst geworden auf was es wirklich ankommt, ist mir sowieso erst dann,

*als ich 2002 dann meinen Schlaganfall hatte. Ich mein´
immer noch, das war sowas wie ein Wachrüttler. (...) Bin
da jetzt heute entspannt. Wenn was nicht fertig wird oder
noch was rumliegt. Tja dann ist das halt so! Ich kann ja seit
damals eh nicht mehr in dem Tempo, wie ich gerne würde.
Also mach ich eben, wie es grade so geht."*

Silke Müller Pfeiffer berichtet zu diesem Thema in der Reflexion:

*„Ich höre immer zwischen den Zeilen, dass es eine Art
aushalten war, aber sie trotzdem nie über eine Flucht oder
Streik nachgedacht hat. Sie hat sich irgendwie damit ab-
gefunden und auch ein wenig ihren Frieden damit gemacht.
Das hört man vor allem am Schluss des Interviews, als
sie betont, dass sie eben mittlerweile alles in ihrem Tempo
macht. Vor allem nach ihrem Schlaganfall hat sie sich gut
arrangieren können, nicht mehr zu 100 % funktionieren zu
müssen."*

## ☰ ASSOZIATIONEN

Die Spannung zwischen Autonomie und Annahme drückt Silke
Pfeiffer Müller treffend aus:

*„Eine enorme Resilienz, einfach Schritt für Schritt vorzu-
gehen. (...) Was mich allerdings etwas nachdenklich gemacht hat, ist die Tatsache, dass meine Schwiegermutter in
jungen Jahren leider nicht geschafft hat, sich auch mal zu
behaupten und „NEIN" zu sagen.*

*Zum Inhalt des Interviews ist als erstes zu sagen, dass ich
wirklich den Hut ziehe vor meiner Schwiegermutter. Sie
hat wirklich schon viel ausgehalten in ihrem jungen Leben.
Berufstätigkeit, Familie mit Kleinkind und den Schwiegervater komplett mitversorgt und trotzdem ihren Humor und
freundliche Natur behalten."*

Anhand der sieben Säulen der Resilienz - Akzeptanz, Optimismus, Selbstwirksamkeit, Verantwortung, Netzwerk-, Lösungs-

und Zukunftsorientierung -. bemerkt Silke Pfeiffer Müller, dass sie viel von der Schwiegermutter lernen könne, dankbar für die Offenheit und den Kontakt ist, und gleichzeitig nicht alles „eins zu eins" übernehmen müsse.

„Nein" zu sagen und auf die eigenen Grenzen und Bedürfnisse zu achten hält sie für eine der wichtigsten Fähigkeiten, um in sich zu ruhen und im gleichwürdigen Kontakt mit anderen Menschen sein zu können.

# STÄRKE GEWINNEN
# AUF DEM EIGENEN WEG

Dieses Interview wurde von einer Frau mit einem heranwachsen-
den Kind aus einer hessischen Kleinstadt geführt, deren Name
hier nicht genannt werden soll. Sie interviewt die Mutter ihres
Partners (diese wird hier Johanna genannt), die als alleinerziehende Mutter von vier Söhnen und zudem als Verkäuferin in verschiedenen Bereichen des Einzelhandels gearbeitet hat. Inzwischen hat Johanna fünf Enkelkinder.

## ☰ MOTIVATION UND ABSICHT

Die Absicht des Interviews ist, die Schwiegermutter besser in
ihrer gewonnenen Stärke und Selbstbewusstheit zu verstehen.
Dabei wird die Chance des Settings vom Interview in einem dafür
vorgesehenen Rahmen mit Verabredung, Zeitrahmen und Ton-
bandaufnahme genutzt.

> *„Ich weiß durch die ein oder andere Erzählung bei Fami-*
> *lienfesten einige Begebenheiten von ihrem Leben und habe*
> *schon immer bewundert, wie sie mit den Schicksalsschlä-*
> *gen in ihrem Leben zurechtgekommen ist. Daher möchte*
> *ich dieses Interview nutzen, um herauszufinden, wie ihr*
> *das gelungen ist.“*

Sie erlebt Johanna als sportlich aktiv, lebenslustig und engagiert in verschiedenen Vereinen. Ihr Wissen über Schicksalsschläge der zweifachen Witwe führt zu dem Interesse, mehr zu erfahren.

## ≡ DAS INTERVIEW

Johanna, die 1944 im Osten Deutschlands geboren wurde, verliert mit drei Jahren ihre eigene Mutter und hat die in der Nähe von Kassel lebenden Großeltern als zentralen Bezugspunkt. Mit dreizehn entscheidet sie sich, ganz zu den Großeltern zu ziehen.

> *„Und dann war ich in den Ferien hier, mit meinem Onkel und der wollte am nächsten Tag zurück nach Thüringen und dann hat eine Tante von mir gesagt, ich müsste mich jetzt entscheiden, entweder würde ich bei der Oma in Wolfhagen (Ort verändert d.V.) bleiben oder (...) ich würde am nächsten Tag wieder zurück zu meinem Vater fahren. Mein Onkel wollte ganz früh los, das war ja auch immer eine Weltreise mit dem alten Auto. (...) Ja, so war das halt. Und dann habe ich entschieden, dass ich blieb, ich habe mich hier ja bei der Oma eh immer heimisch gefühlt. Ich kannte ja auch hier alle."*

Nach dem Mauerbau 1961 kann Johanna als Folge der Teilung Deutschlands den Vater in den Ferien nicht mehr besuchen.

Eine zweite weitreichende Entscheidung erwähnt sie, als sie über ihre Berufswahl spricht

> *„Als ich dann mit der Schule fertig war, sollte ich hier in Wolfhagen beim Lebensmittelladen lernen, aber das wollte ich nicht, und ich hab mich dann einfach bei einer Konditorei beworben und hab die Lehrstelle auch gekriegt. Aber da hat mich auch keiner hin gebracht, ich musste zusehen, wie ich da hin komme, und manchmal musste ich über eine Stunde auf den Zug warten und am Wochenende war es noch länger. Das war schon hart."*

Johanna heiratet den Sohn reicher Bauern und bekommt drei Kinder, der Mann, allerdings, stirbt früh und sie ist alleinerziehend. Auch ihr zweiter Mann, den sie mit 30 Jahren heiratet, stirbt vor 10 Jahren.

Im Weiteren berichtet das Interview davon, dass Johanna in der Verantwortung für ihre Kinder Krisen erlebt. Als die Jungs in die Pubertät kommen, verstärken sich die Sorgen um sie mit deren Alkoholkonsum und die bis in die Nacht hinein dauernden Partys. Ihr jüngster Sohn, der jetzige Lebenspartner der Interviewerin, leidet mit 14 Jahren an epileptischen Anfällen und muss in der Kinderpsychiatrie behandelt werden. Als Johanna dies erzählt, kann die Interviewerin eine starke emotionale Berührung erkennen, Tränen, die sie selten bei ihrer Schwiegermutter gesehen hat.

> „Das war schon auch schon hart und dann die Entscheidung, lassen wir ihn operieren oder nicht, und dann wurde der zwölf Stunden operiert, und keiner wusste, auch die Ärzte, keiner wusste, was rauskommt. Bei der Entlassung standen sie alle Spalier, in Bethel und da sagt der Arzt oder der Professor oder, das hätten wir nicht gedacht, dass er hier alleine rausmarschiert."

In der Reflexion des Interviews wird zum einem deutlich, dass Johanna bei all den Schicksalsschlägen, die sie erfahren hat, die Sorge um ihre Jungs am tiefsten bekümmert hatte. Hier ist im Interview eine tiefe innere Berührung zu bemerken, die Johanna sonst nicht zeigt (und die in ihrem Leben offenbar kaum Platz hatte).

> „Die Tränen haben mich außerdem gewundert, weil ich nie erlebt habe, dass Johanna und ihr Jüngster besonders gefühlsbetont miteinander umgehen. Vielleicht ging es mir auch nur deshalb nahe bzw. hat es mich nur deshalb so irritiert, weil dieser Sohn mein Lebensgefährte ist und mir das ganze Ausmaß bis zum Interview nicht in allen Details bekannt war."

## ≡ ASSOZIATIONEN

Die Schwiegermutter ist zunächst berührt durch das Interesse an ihrem Leben und bemerkt wie nebenbei, dass sie ihren Leben selbst gar nicht so viel an Würdigung entgegengebracht hat, wie sie dies im gemeinsamen und hinhörenden Gespräch erfährt:

> *„Ei, ich wurde geboren, ganz normal, jo. (...)"*

An zwei Stellen in der Erzählung wird deutlich, dass Johanna sehr früh auch gegen den Wunsch des Vaters (zu den Großeltern ziehen) oder später jene der Großeltern (die Entscheidung für die Lehrstelle) ihre eigenen Entscheidungen trifft, zu denen sie ganz steht und sie ihre Ziele mit großer Klarheit und Ausdauer verfolgt.

Die tiefe und sichere Bindung an die Großeltern ist für sie stärkend und so etwas wie ein sicherer Hafen, das fasst die Interviewerin in der Reflexion zusammen:

> *„Johanna beschreibt ihre Oma als die Frau, die sich um alles und jeden gekümmert hat, die mehrere Enkelkinder zeitweise oder auf Dauer bei sich aufgenommen hat und sie großgezogen hat. Die Oma hat die Familie zusammengehalten, obwohl ihr Leben aufgrund der Zeit und den von außen einwirkenden Faktoren alles andere als einfach war. Ich interpretiere aus diesen Aussagen, dass bereits Johannas Oma eine starke, resiliente Frau war, deren Widerstandsfähigkeit sich auf Liselotte übertragen hat."*

Ebenso erkennt die Verfasserin in der Bearbeitung des Interviews die Annahme und das Einverstanden-Sein in der Erzählung ihrer Schwiegermutter.

> *„Auch dass ihr Leben so verläuft bzw. verlaufen ist wie es ist, hat sie immer akzeptiert, sie hadert nicht mit ihrem Schicksal. Aber selbst wenn mal ein Hindernis, eine Hürde oder ein Problem aufgetreten ist oder auftritt, ist Johanna eine Frau der Tat, sie überlegt, wie sie diese Situation lösen*

*kann und wird aktiv. Ich habe nie gehört, dass Johanna
in Selbstmitleid versunken ist, ich habe nie erlebt, dass sie
sich als Opfer gesehen hat, dass sie sich gefragt hat, warum
passiert das immer mir. Selbst, wenn sie sagt: >Ich habe nie
erwartet, dass ich so alt werde<.“*

Im zusammenfassenden Blick auf Quellen der Stärke lässt sich
im Resümee lesen:

„*Wenn man also die sieben Säulen der Resilienz mit Johan-
nas Leben abgleicht, lässt sich eindeutig erkennen, dass sie
alle Resilienz-Aspekte in ihrem Leben nutzt und dadurch
lässt sich ihre innere Stärke, ihre Resilienz erklären. Allerdings sieht Johanna selbst dies anders. Auf meine Frage,
was sie denkt, warum sie eine so starke Person ist, antwortete sie mir, das sei von Gott gegeben. Johanna meint, Gott
würde einem die innere Stärke oder die Resilienz in die
Wiege legen.*“

# IM GEBET UND DER ZUWENDUNG LEBENSKRAFT FINDEN

## ☰ MOTIVATION UND ABSICHT

Alfred Lozofihla Masooa, ein Studierender aus Südafrika, ist verheiratet und lebt mit seinen zwei Kindern im Alter von vier und sieben Jahren seit zehn Jahren in Hessen. Für ihn ist das Thema Rassismus und dessen Überwindung im Denken und Handeln sehr wichtig, zumal er als Angehöriger „People-of-Color" Rassismus in Südafrika hautnah erlebt hat. Für ihn gilt: Gleichwürdigkeit zu erleben bereichert. Er arbeitet in einer städtischen integrativen Kindertagesstätte und wird für seine Einfühlung und Gabe der „achtsamen Begegnung" mit Kindern sehr geschätzt. Seine Tätigkeit in einer freikirchlichen Gemeinschaft will er nach der Erzieher*innenausbildung hauptberuflich aufnehmen, sie ist ihm ein Herzensanliegen.

Er entscheidet sich, nachdem ein Interview mit einem Familienmitglied in Südafrika technisch nicht klappt, das Interview mit der Schwiegermutter zu führen

> *„Meine Schwiegermutter hat mich beeindruckt durch ihre liebevolle Art andere zu achten und mit ihrer Bereitschaft durch Taten anderen zu helfen. In Bezug zum Thema Resilienz wusste ich, dass sich meine Schwiegermutter durch*

*schwere Situationen durchkämpfen musste und trotz allem ihre Kinder liebevoll erzogen und dienend unterstützt hat."*

## ☰ DAS INTERVIEW

Die erste Frage von Alfred Lozofihla Masooa ist die sehr direkte Frage nach der Identität: *„Was macht dich zu der Person, die du bist und im Leben sein möchtest?"* und bezieht sich auf das Verstehen von Joachim Bauer: *„Jede Person hat ein Selbstverständnis, ein personales Innenleben, ein reflexives inneres Terrain"* (Bauer 2021, 51). Elisabeth, so nennt er seine Schwiegermutter hier, antwortet sehr spontan:

> *„Was macht mich aus? Also, ich denke, dass ich jemand bin, der möglichst im Hier und Jetzt lebt, der zwar sich Gedanken über Sachen macht, die auf mich zukommen aber, (...) und manchmal ärgere ich mich tagelang über irgendwas, was nicht gelungen ist oder wo ich mich über mich selber ärgere eben, dass ich mich so verhalten habe, wie ich es doch nicht von mir wollte, aber das versuche ich dann auch zu klären und abzuhaken... Entweder mit der Person selber wenn's geht, oder dass ich es im Gebet ausspreche und irgendwie durchdenke und joa (...) Was macht mich aus? So gehe ich durch meinen Tag (lacht) Ja."*

Elisabeth war Lehrerin an einer Realschule. Nach dem Abitur und Studium ist sie mit 26 Jahren in diesen Beruf eingestiegen und erlebte hier Erfüllung und Freude. Als die drei Kinder kommen, pausiert sie dreizehn Jahre in ihrer beruflichen Tätigkeit.

Als Krise und Lebensherausforderung beschreibt sie die unerwartete Trennung von ihrem Ehemann und damit das Erfordernis, alleingestellt auf sich über Erziehung, Schule etc. entscheiden zu müssen.

*„Da hatte ich auch eine volle Stelle. Also, ich musste mit einer vollen Stelle anfangen, sonst hätte ich die gar nicht gekriegt. Wenn ich von Anfang an gesagt hätte „Ich möchte nur reduziert arbeiten, dann hätten die gesagt „Dann suchen wir uns ‚andere' „Wir brauchen ´ne volle Stelle" Und naja, so habe ich mich dann beworben auf ´ne volle Stelle – frisch getrennt mit drei relativ jungen Kindern, die alle ein bisschen komisch waren."*

Hier kommen ihre Ehrlichkeit, sowie das Wagnis, sich offen zu zeigen und um Hilfe zu bitten, zum Tragen:

*„Also, was hat mir denn Kraft gegeben? Also, zum einen und das war das Allerwichtigste, ähm, habe ich eine junge Frau kennengelernt, die gerade Sozialpädagogik studiert hat in Fulda. Und (...) ja, die saß dann mal neben mir im Hauskreis und fragte mich, weil wir uns noch gar nicht kannten: ‚Was machst denn du so und wie geht's dir denn?´ Und dann habe ich gefragt „`Soll ich ehrlich sein?´`Ja!´ ‚Mir geht's ganz schlecht. Ich würde jemanden brauchen, der mich zu Hause unterstützt´".*

Und sie kann genau benennen, was wirklich hilft:

*„Also, in der Zeit war es wirklich schwer (...) also ich war schnell an meinen Grenzen, weil ich so viel Energie auch für die Schule gebraucht habe und hab schnell geschimpft und hab mir Sachen angewöhnt und mit den Kindern praktiziert, die waren nicht gut. Und ... da hat sie dann mit mir in aller Ruhe drüber gesprochen, sodass ich merken konnt (...) Uhm, da sollte ich mal mehr drauf achten, dass ich mir das nicht angewöhne so richtig". (...) Die hatte so ‚ne ganz liebevolle, freundliche und auch humorvolle Art. Wir konnten auch miteinander lachen. Ja, und die kam dreimal in der Woche, das war ganz ganz wichtig."*

In dieser Situation als alleinerziehende Mutter hilft ihr ebenso, auf ihren eigenen Freiraum zu achten, eine Freiheit, die sie bei ihren Eltern und Geschwistern nicht erlebt hatte:

> *„Es gab ja so diese Regelung, jedes zweite Wochenende*
> *dürfen die dann zum Vater ... also alle vierzehn Tage hatte*
> *ich dann ein Wochenende für mich. Das war total klasse.*
> *Das habe ich vorher nie gehabt. Das war das Allerbeste an*
> *dieser Trennung. (lacht)"*

Zum Thema Erziehung und die pädagogisch konsequente Begleitung ihrer Kinder stellt sie gleichzeitig selbstkritisch fest:

> *„(...) manches Mal hat die Kraft nicht gereicht, um das*
> *so konsequent zu verfolgen, wie es vielleicht gut gewesen*
> *wäre. Aber dann habe ich auch gedacht: „Alle Eltern ma-*
> *chen Fehler und die Kinder werden in der Regel trotzdem*
> *was – und bei mir wird's auch nicht anders sein." (lacht)*
> *Ja, also so 'ne Grundlinie mit Liebe war schon da!?"*

Ebenso eine große Herausforderung ist für sie die Diagnose der Erkrankung mit Multipler Sklerose während ihrer Tätigkeit als Lehrerin. Alfred Lozofihla Masooa fasst zusammen:

> *„Diese gesundheitliche Einschränkung hindert sie daran,*
> *Sport als Fach zu unterrichten und der Leidenschaft der*
> *sportlichen Betätigung nachzugehen. Sie findet auch in*
> *dieser Situation eine Lösung und erwirbt eine Zusatzqua-*
> *lifikation, um das Fach Evangelische Religion unterrichten*
> *zu dürfen. Sie nannte die Krankheit und sie hat nicht*
> *detailliert darüber gesprochen, weil sie dieser Krankheit*
> *nicht viel Raum oder unnötige Aufmerksamkeit geben*
> *wollte."*

## ≡ ASSOZIATIONEN

In der Reflexion erwähnt Alfred Lozofihla Masooa das Thema Dankbarkeit:

> *„Elisabeth bringt die Dankbarkeit zum Ausdruck, dass sich*
> *die Kinder entgegen aller Befürchtung gut entwickelt haben*
> *durch ihre verschiedenen Lebensphasen hindurch. Das*

> *hat für sie auch mit dem Aspekt zu tun, dass der Ex-Mann Martin seine Vaterrolle so gut er konnte, weiter ausgefüllt hat."*

Er bemerkt, dass die Schwiegermutter mit ihm bisher nie so offen gesprochen habe, dass sie zunächst etwas aufgeregt war und gleichzeitig neugierig, am Ende des Interviews ebenso dankbar für die Nähe und das Interesse seitens des Schwiegersohnes.

Als weitere Resilienzfaktoren benennt Alfred Lozofihla Masooa die Fähigkeit, dass Elisabeth ihre Gefühle kennt und benennen kann, Bedürfnisse kommunizieren, und sich so ausdrücken kann, sich aus der Herausforderung lösen und körperlich Entspannung erleben kann.

> *„Elisabeth wusste, was sie machen konnte, damit es ihr besserging: „Am besten ging's mir montags abends. Da habe ich nämlich mit meinen Kollegen Fußball gespielt. Und während ich sonst immer Bauchschmerzen und Bauchzwicken hatte. Und wenn ich da ‚rumgerannt und gewetzt bin und mir die Zunge bald am Knie hing, dann waren die Bauchschmerzen weg. Dann ging es mir gut."*

Die freikirchliche Gemeinschaft bietet der Schweigermutter Halt und ist für sie eine Quelle von Lebensfreude:

> *„Das hat mir auch Kraft gegeben. (...) ich wusste, die sind da und sie tragen uns – und wenn ich wirklich zusammen-gebrochen wäre, dann wäre ihnen auch irgendetwas einge-fallen, um mich zu unterstützen."*

Für ihn als Hinhörenden ist die Beziehung der Schwiegermutter zu Gott und der religiösen Gemeinschaft beeindruckend, eine Erfahrung, die er in seiner eigenen Gemeinde ebenso macht.

Zum Thema Glaube als Stärke und Halt findet Elisabeth selbst zusammenfassende Worte:

„Ja, also mein Glaube ist auch ganz wichtig. Also, dass ich mich von Gott getragen, geführt und bewahrt weiß. Also, du weißt, es gab ja nun wirklich genug Tiefen in meinem Leben – auch mit meiner Gesundheit. Und einfach zu wissen „Der ist bei mir", also das habe ich schon erlebt. (...) Je schwieriger das Leben gerade ist, desto intensiver kann ich ihn spüren oder erleben. Desto deutlicher ist er bei mir. Das ist eine WICHTIGE Erfahrung. Und die ist, ja, auch für die Zukunft. Also, ich mein, ich weiß ja nicht, wie es weitergeht gesundheitlich und was da so noch alles kommt. Und einfach zu wissen ,Und wenn's schwerer und schwieriger wird und dann ist er auch an meiner Seite und umso mehr.'"

# DER FRAUENSTÄRKE BEDEUTUNG GEBEN

*„Yo siento una fuerza, que no me la puedo explicar"*
*„Ich fühle eine Kraft, die ich mir selbst nicht erklären kann"*

## ☰ MOTIVATION UND ABSICHT

Eloisa Happel, Mutter dreier inzwischen erwachsener Kinder und Oma eines Enkelkindes, hat vor der Ausbildung zur Erzieherin eine Ausbildung als Familienhelferin, Heilpraktikerin in Psychotherapie und als landwirtschaftlich technischer Assistentin absolviert.

In ihrer pädagogischen Arbeit in einer Einrichtung für junge Mütter (und Väter) in Nordrhein-Westfalen geht sie feinfühlig und akzeptierend auf die Mütter mit Kindern ein, erkennt deren Bedarf an Unterstützung, nicht nur bei der Annahme und Gestaltung des Mutter-Seins, sondern auch in Bezug auf Eigenliebe und Eigenwahrnehmung der Ressourcen. Sie zeigt sich verwurzelt und geborgen in ihrem Glauben und verbindet diesen mit Fachwissen und hoher sozialer Kompetenz.

Mit dem Interview begibt sie sich auf die Spur, um ihre Familiengeschichte und Prägung intensiver zu erforschen. Bei einem Besuch in Andalusien spricht sie mit ihrer Tante Eloisa Blanco Rudolph, von der sie als Zeichen familiärer Verbundenheit den

Vornamen erhielt und die sie maßgeblich in ihrer Kindheit geprägt hat.

> *„Ich habe sie als Interviewpartnerin gewählt, weil sie mir als Schwester meiner vor drei Jahren verstorbenen Mutter in der weiblichen Linie meiner Herkunftsfamilie am nächsten steht. Eloisa ist 73 Jahre alt und ist zwei Jahre jünger als meine Mutter. Ich fühle eine natürliche Verbundenheit zu ihr. Unabhängig davon gefiel mir bereits als Kind ihre Art das Leben zu sehen und zu gestalten. Es war unkonventionell und unabhängig und in gleicher Weise sozial und traditionell.“*

## ☰ DAS INTERVIEW

Zu Beginn des Interviews spricht die Tante über ihre Kindheit, sowie den Umgang mit Verlusten. Sie spricht auch von der sie seit Kindesbeinen an begleitenden Suche und ihrem Streben nach einem verwurzelten sicheren Ort:

> *„Als mein Vater starb, weil ich ja sehr klein war, ich war acht Jahre alt, fühlte ich mich sehr niedergedrückt, ganz unten. Und weil ich ja neben meinem Onkel (mütterlicherseits) und meiner Tante lebte. (...) Ich wollte mein Dorf nicht verlassen, aber ich wollte auch nicht meine Mutter verlassen, dann bin ich mit meiner Mutter mitgegangen, sah aber, dass ich mit meiner Mutter nicht zusammenleben konnte. Weil meine Mutter eine Person war, die sich nicht wieder rehabilitierte nach dem Tod ihres Mannes. Ich war ein sehr intelligentes Mädchen und ich erkannte, dass sie als Mensch es nicht schaffte nach dem Tod meines Vaters wieder auf die Beine zu kommen. Also rannte ich oft von zu Hause weg und zurück zu meinem Onkel und meiner Tante. Das waren acht Kilometer Distanz von dem Ort, wo ich wohnte.“*

Später zieht sie zu ihrem Onkel, besucht häufig ihre Mutter und Geschwister, bis sie studieren geht. Die Schul- und auch die Studienzeit verbringt sie in von katholischen Nonnen geführten Einrichtungen. Sie beschreibt ihre stetige Suche in der Jugend nach Halt, insbesondere dem inneren Halt von Familie:

> *„Aber nach acht Jahren, ohne meine Mutter zu sehen, nahm ich in Cadiz den Zug, dort studierte ich, und fuhr nach Sevilla zu meiner Mutter. Mit meiner Mutter war ich dann glücklich, ich hatte sie sehr lieb, mehr als meine Brüder. Und so kam es, dass ich diese Stärke wiederentdeckte, die ich mir wünschte, um wieder Teil meiner Familie zu werden und mich als ein Teil von ihr fühlen zu können (...) Teil meiner Wurzeln. Dann, als du geboren wurdest (bezieht sich auf Interviewerin), bzw. als meine Schwester mir sagte, dass sie schwanger ist, begann ich zu merken, dass meine Familie aufblühte, auferstand.“*

Als die Schwester (die Mutter von Eloisa Happel) mit ihrem Mann, den sie als *„nicht unbedingt zuverlässig“* beschreibt, und dem kleinen Kind Eloisa (der Interviewerin) nach Deutschland zieht, erlebt sie erneut den Schmerz der Zerrissenheit, der sie gleichzeitig Mut spüren lässt. Eloisa Happel spricht von der Entscheidung ihrer Eltern und fasst zusammen:

> *„Mein Vater ist dann erstmal allein nach Deutschland gegangen und dann einige Monate später, da war ich etwa ein Jahr alt, kam für sie der große Abschied von meiner Mutter und mir am Flughafen. Das war ein großer Schmerz für sie. Nun fühlte sie sich wieder allein. Doch sie spürte auch eine große innere Stärke in ihr wachsen. Der Onkel und die Tante waren nicht ihre Heimat, bei ihrer Mutter fühlte sie es immer noch nicht richtig. Aber bei ihrer Mutter erlebte sie, dass sie zur Nacht einen Gutenachtkuss bekam. Das war neu für sie, das kannte sie vom Zusammenleben mit Onkel und Tante nicht. Es kamen neue unbekannte Gefühle in ihr auf. Sie war ein zurückgezogenes und*

*oft trauriges Kind. Sie tat vieles im Alleingang. Fühlte aber immer eine innere Kraft, wusste nicht, wo sie herkam. Sie ist zwischen zwei Orten aufgewachsen."*

Die Tante heiratet und bekommt mit ihrem Mann drei Söhne. Gleichzeitig fühlt sie in ihrem Leben und trotz der nicht erfüllenden Ehe eine Stärke wachsen, der Eloisa Happel im Interview nachgeht.

*„Ich war immer eine Bewunderin von Papst Johannes XXIII...für mich war er immer ein sehr guter Mensch. Eine Nacht träumte ich von ihm...ich träumte von einer grünen Tür, die aufging und er saß dahinter. Er sagte mir, dass ich zu ihm gehen soll l(...) dass ich zu ihm hin soll...dann nahm er mich zu sich und sagte mir:' Du bist nicht allein. Dein Vater ist im Himmel. Und ich werde dich ab heute beschützen'. Das war ein Traum, doch von dem Zeitpunkt an, habe ich eine große Zuneigung zu ihm gespürt."*

Ihre Söhne erleben viele Schicksalsschläge, doch sie hält an ihrer eigenen Verbundenheit mit dem göttlichen Beistand fest. An den Papst kann sie sich wenden mit ihren Fragen und auch mit dem Nicht-Verstehen.

*„Warum hat er ihn nicht behütet? Warum nicht? Ich habe es nie verstehen können. Diesen Zweifel trage ich mit mir (...) aber ich weiß es nicht (...) an irgendeinem Tag werde ich es wissen. Und da habe ich ihn (Papstporträt) und ich bitte ihn für uns, aber die Wahrheit ist, dass ich auch ein bisschen ärgerlich auf ihn bin. Ja, ärgerlich, sehr ärgerlich."*

Später spricht sie über ihre Beziehungen zu Männern, denen sie in ihrer Arbeit in der Gemeinde begegnet und wirft damit einen Blick auf ihre Stärke als Frau:

*„Ich habe alles immer gut händeln und überschauen können, an der Arbeit zum Beispiel. Da gab es von Männern oft Überheblichkeiten. Von solchen ekelhaften Typen habe ich mich nie einschüchtern lassen. Ich hatte immer viel Persönlichkeit ..."*

In Bezug auf ihr Verhältnis zu Autoritäten berichten die Erzählungen über impulsive Begegnungen mit dem Pfarrer:

> *„Und der Pfarrer (...) wenn es etwas anzusprechen gilt, dann sage ich es. Ich schicke ihn auch zum Teufel, wenn es sein muss. Und abends schreibt er mir dann, um sich zu entschuldigen. Elo du bist doch meine Freundin, bitte, du warst doch die erste, die ich hier kennengelernt habe als ich kam, sei nicht ärgerlich auf mich. Verzeih mir bitte."*

Die ihr innewohnende Kraft erkennt die Tante als die Stärke Gottes.

> *„Ja, sie kommt von Gott, weil Gott mich liebt. Aber ich war nie sehr religiös im eigentlichen Sinne. Sondern Gott hat da ein hilfloses Mädchen gesehen, und er hat mich beschützt. Und diese Kraft hat mir Gott gegeben. (...) Ich fühle mich sehr geliebt. Sehr geliebt! So geliebt. (...) Wenn mir alle Welt sagen würde, dass mich keiner mag und sich abwenden würde, dann wäre es mir gleichgültig. Es ist mir egal. Weil ich, ich selbst habe so eine Stärke, die ich selbst nicht verstehe. Ich selbst verstehe sie nicht."*

Und auf die Frage zur Bedeutung der katholischen Kirche betont sie:

> *„Die Kirche für mich (...) ist (...) ich bin Kirche. Die Pfarrer interessieren mich nicht (...) sie sind Instrumente der Kirche. Ich fühle mich als ‚Kirche'. Ich bin ein Teil von ihr. Nicht die Pfarrer, die Nonnen, niemand ist die Kirche an sich. Jeder von uns ist ‚Kirche'. Heute zum Beispiel, das Meer, das ist Gott. ich war mit meinem Sohn dort, mit meiner Nichte (der Interviewerin), das ist Kirche. Das hat nichts mit den Pfarrern, den Nonnen, mit niemand zu tun. Das ist das, was ich fühle."*

## ≡ ASSOZIATIONEN

Im Blick auf das Interview und die eigene spirituelle wie menschliche Nähe zu der Tante formuliert Eloisa Happel in der Reflexion des Interviews:

> *„Meine Tante und ihre Schwester waren sich trotz der räumlichen Distanz sehr nah und nie würde sie etwas von ihr preisgeben, was mich an ihrer Liebe zu mir zweifeln ließe. Doch auch sie spürte während unseres Interviews, dass die Zeit reif ist für all das Unausgesprochene, an dem ich als Teil der Frauenweisheit unserer Familie teilhaben muss. Wir beiden sind füreinander eine Brücke.“*

In Anerkennung des Verlustes, den die kleine achtjährige Tante Eloisa erleben musste, den Tod ihres Vaters, auch den vorläufigen Verlust der Mutter, geht Eloisa Happel auf den Verlauf des Lebens ihrer Tante ein und bemerkt die innere Stärke von Menschlichkeit und Bezogenheit auf Gott.

Gleichzeitig kann die Tante mit ihrer Traurigkeit offensichtlich auf eine sichere Bindung zu der Familie einschließlich Onkel und Tante zurückgreifen. Familie bedeutet für sie als Mädchen, wie auch später mit eigenen Kindern, Rückhalt geben und erfahren.

Der stärkste Halt und Ansporn für Zuversicht, so Eloisa Happel im Resümee, ist *„Spiritualität als sicherer Ort“*.

*„Die Form des Glaubens an eine höhere Macht, die mir wohlgesonnen ist und in mein Leben eingreifen kann“*, beschreibt sie als einen der stärksten Resilienzfaktoren. Und dies ist für sie selbst eine weitergegebene Gewissheit, ohne freilich an Institutionen wie Kirche gebunden zu sein. Vielleicht am meisten erfahren hat Eloisa Happel über die Geschichte der weiblichen Stärke in ihrer eigen erlebten und geschenkten Herkunft.

# DAS BEDÜRFNIS „PAPA VERSTEHEN"

Martina Hennig ist eine junge Studierende in einer Kindertagesstätte. Als ausgebildete Bürokauffrau hat sie sich für einen neuen Weg entschieden. Sie arbeitet in der Krippe und ist begeistert von der Lebendigkeit und Freude der Kinder, will diese und deren Eltern unterstützen und in ihrem JA zum Elternsein ermutigen.

Sie interviewt ihren Vater, der zunächst auf seine Frau verweist, da diese *„doch viel mehr erzählen"* könne. Aber Martina Hennig bleibt dabei:

> *„Mit dir möchte ich gerne sprechen"*

## ☰ MOTIVATION UND ABSICHT

> *„Hallo Papa, wir haben schon mal darüber gesprochen, dass du als Schausteller gearbeitet hast, und da würde ich gerne mehr darüber wissen. Mich würde interessieren wie dein Schaustellerleben war und ob es dir früher Spaß gemacht hat."*

Es geht ihr darum, so wird deutlich, mehr vom Leben ihres Vaters zu hören und gleichzeitig seinen Entschluss zu verstehen, sein Leben als Schausteller aufzugeben, als die Kinder unterwegs waren, zunächst die ältere Schwester und später dann Martina Hennig.

## ≡ DAS INTERVIEW

Der Vater kommt direkt zum wesentlichen Punkt, was seine Motivation zur Veränderung war: *„Denn, wenn du allein bist, hast du keinen Lebenswillen."*

*„Mir hat das schon richtig Spaß gemacht"*. Zurückschauend auf sein Schaustellerleben sieht er, dass die Gemeinschaft und Lebendigkeit ihm Kraft gegeben haben und er da seine Frau kennengelernt habe. Und als seine Frau schwanger wird, trifft er eine deutliche Entscheidung:

> *„Ne, durch die Schwangerschaft, weil mit Kind habe ich gesagt, mache ich das nicht mehr, das kann man machen, wenn du allein bist, aber nicht, wenn du Familie hast."*

Der Vater findet zunächst eine Arbeitsstelle bei Ferrero, die er wegen der Schichtarbeiten aufgibt, schult um und arbeitet bei der Müllabfuhr.

Seine Motivation ist klar, er weist im Interview auf seinen biografischen Hintergrund hin, den das Stichwort Verantwortung kennzeichnet.

> *„Die größte Veränderung war die eigene Familie, ich hatte mehr Verantwortung. Große Verantwortung vor alledem. (...) Ich habe noch zehn andere Geschwister und davon sind sieben kleiner wie ich. Ich habe früher schon auf meine kleinen Geschwister aufgepasst."*

An einer weiteren Stelle berichtet er von seiner Stärke der Entscheidungsfähigkeit. Dieser Teil des Gesprächs bringt für Martina Hennig eine neue Information, mit der bisher wenig offen umgegangen wurde. Dieses Teilen schenkt ihr eine tief empfundene Nähe zum Vater.

> *„Ich habe mich schon verändert, aber erst ein bisschen später. Ich habe als Schausteller damals viel getrunken. Du warst jedes Wochenende auf einer anderen Kirmes, kennst*

*viele Leute und die laden dich zum Saufen ein und du*
*machst natürlich mit, weil du nicht hintenanstehen willst.*
*(...)*

*Die Mama hat mir 1996 meine Klamotten vor die Tür ge-*
*stellt. Sie hat gesagt „Entweder dein Alkohol oder wir". Ich*
*habe gesagt: „Ihr seid mir wichtiger" und habe dann von*
*heute auf morgen aufgehört zu trinken."*

Auf seine zusammenfassende Aussage, *„ich wollte schon immer*
*eine Familie haben, ich hatte sie, also musste ich sie auch behal-*
*ten. Wegen Alkohol die Familie aufgeben macht man nicht, wenn*
*man sie liebt"*, reagiert Martina Hennig:

> *„Das ist schön zu hören. Immerhin bist du noch da."*

## ≡ ASSOZIATIONEN

Martina Hennig ist vom Interview mit dem Vater und der Nähe,
die im Gespräch entsteht, berührt. Sie fasst die wesentlichen Aspekte der Resilienz des Vaters mithilfe der sieben Säulen der Resilienz (vgl. Brand 2020) zusammen:

1. **„Akzeptanz**: *Mein Papa hat akzeptiert, dass sein Leben so*
   *nicht weiter gehen kann und hat sich für die Familie entschie-*
   *den.*

2. **Bindung**: *Die Beziehungsebene wurde gestärkt, dadurch,*
   *dass er zu sich selbst und der Familie gefunden hat.*

3. **Lösungsorientierung**: *Nachdem er bemerkt hatte, dass er*
   *bei der Umschulung nicht viel Geld verdient hat, wie er ge-*
   *dacht hat, hat er nach einer Lösung gesucht und eine neue*
   *Arbeit gefunden.*

4. **Gesunder Optimismus**: *Mein Papa hat die Situation akzep-*
   *tiert, dass er sich einen Job suchen und die Umschulung ab-*

brechen muss. Er hat weiterhin zuversichtlich nach vorne geschaut und hat nicht aufgegeben.

5. **Selbstwahrnehmung**: *Er wusste, dass der Alkohol schlecht für ihn ist.*

6. **Selbstreflexion**: *Er hat viel reflektiert, indem er mit mir nochmal eine Reise in die Vergangenheit gemacht hat.*

7. **Selbstwirksamkeit**: *Der Glaube daran etwas zu verbessern. Ja, mein Papa hat sich entschlossen für die Familie da zu sein."*

So kann Martina Hennig sehen und nachfühlen, dass ihr Vater durch die entschiedene Übernahme der Verantwortung für die Familie und alle, *„die man liebt"* einen innen gesicherten hohen Wert entwickelt und ihn bewahrt hat. Diesen klaren Kompass und seinen unverrückbaren Glauben an diesen Wert hat er nun an seine Tochter weitergegeben.

# INNEHALTEN UND SCHAUEN: DER VATER ALS VORBILD

## ☰ MOTIVATION UND ABSICHT

Jerome Stachije arbeitet im praktischen Teil seiner Erzieher*in-nenausbildung in einem anthroposophisch orientierten Hort ei-ner Waldorschule. Ihm ist es wichtig, seinen eigenen Lebensweg zu gestalten, er geht motiviert auf in der als sinnvoll erfahrenen pädagogischen Arbeit mit Kindern.

Bei den Überlegungen zur Auswahl seiner Interviewpartner:in-nen bemerkt er, dass Interviews eine *„gewisse Nähe"* schaffen und er dabei sehr vorsichtig sein wolle. So entscheidet er sich für seinen Vater, der Verbundenheit sicher, *„aufgrund dessen, dass er einer der widerstandsfähigsten Menschen ist, die ich kenne"*.

Er möchte mehr über dessen Stärken erfahren, vor allem im Hin-blick darauf, wie dieser seine berufliche Lebensentscheidungen getroffen hat. Seine Frage ist:

> *„Wieso mit 50 nochmal eine so große Herausforderung an-nehmen, wo andere sich schon ausruhen?".*

## ☰ DAS INTERVIEW

Zunächst ist der Vater etwas irritiert, da Jerome Stachije nicht seine Mutter für das Interview gewählt hat.

> *„Er war aber nicht abgeneigt von dem Ganzen und fragte,*
> *worüber ich ihn denn ausquetschen würde. Auf die Ant-*
> *wort, dass es ein Resilienz-Interview sein würde, schmun-*
> *zelte er und meinte, dass er es jetzt verstehen würde,*
> *weshalb ich ihn gewählt hatte. Er lächelte etwas und fügte*
> *hinzu, dass es schon etwas her sei, dass er tiefer in seiner*
> *Vergangenheit gekramt hatte und dass er sich frage, ob er*
> *noch alles zusammen bekommt.“*

Zu der Jugend und seinen Träumen als junger Mann befragt, berichtet der Vater von seinem Wunsch nach Weite und Welt.

> *„Ich war kein unbekümmerter Junge, weil ich mich immer*
> *unter Druck gefühlt habe.*
>
> *Wann war das denn? 1969 bis 71? Was meine Priorität war,*
> *bloß weg von zuhause. ... Und wenn ich gekonnt hätte, wäre*
> *ich damals mit 16 nach Hamburg und auf einen Frachter*
> *nach Südamerika. (...) Also habe ich mich aber nicht ge-*
> *traut. Eine Idee hatte ich schon. Ich wollte in die Welt. Ich*
> *wollte viel in der Welt unterwegs sein. Und das war damals*
> *so ein ganz großer Traum. Und ich wollte studieren an*
> *irgendeiner großen Uni. Und wollte aus der kleinen Stadt*
> *raus. Ich hatte das Gefühl, das ist mir alles zu eng.“*

Weiter erzählt er, dass er durch die Verbindung zu seiner Frau
und die frühe Entscheidung für Kinder und Familienleben einen
etwas anderen Weg eingeschlagen habe. Er studiert Sozialpädagogik, macht später eine Supervisionsausbildung. Seine beruflichen Felder sind stationäre Jugendhilfe und Pflegekinderbetreu-
ung. Die Motivation findet er in einer frühen Erfahrung, in der er
sich wie zur Hilfe gerufen fühlt und im Kontakt zu beruflichen
wie privaten Zielen kommt.

> *„Das fing schon sehr früh an. Ich habe früher eine Jung-*
> *schar-Gruppe gehabt und da hatte ich Kinder drin, die halt*
> *auch ein bisschen sozial sehr schwierig waren. Besonders*
> *einer. Das war ein Pflegekind in einer anderen Familie. Und*
> *der Junge, der hat mir immer irgendwie (überlegt) leid-*
> *getan ist das falsche Wort. Ich fand ihn immer ein bisschen*

*merkwürdig in seinem Verhalten. Und ich habe immer so das Gefühl gehabt, du musst dir mal ein bisschen auf die Sprünge helfen. Der war, der hatte immer so ein leeres Gesicht und war manchmal ein bisschen traurig, manchmal ein bisschen aggressiv. Irgendwie fand ich, das passte alles nicht so richtig, dem habe ich eigentlich gewünscht, dass der mal durchstartet und mal loslegt und sich auch mal übers Leben freuen kann."*

Stärke in Situationen des Zweifels und der Krise, so reflektiert er, gaben und geben ihm die Beziehung zu seiner Frau und der christliche Glauben, konkret das Vorbild Jesus:

*„Das war aber auch in einer guten Beziehung stehen, ja in einer guten Beziehung zur Mama und immer wieder den Versuch zu machen, dass man mit sich selber auch halbwegs im Reinen ist und oder zumindest klar hat, was man will und was man machen kann. Und gute Bezüge innerhalb der Familie. Auch zu Kollegen. (...) Das hat sich auch im Laufe der Jahre verändert, aber immer als sehr tragfähig erwiesen. Das war mein Glaube. Das ist nach wie vor auch eine sehr starke Kraft. Das Vertrauen auf Jesus einfach in unterschiedlichen Situationen wahrzunehmen."*

Jerome Stachije interessiert im Weiteren besonders die Entscheidung seiner Eltern für die Aufnahme von Pflegekindern, nach eigenen vier Kindern gehen sie diesen neuen Schritt.

*„Also ich habe es mal durchgerechnet. Mit den eigenen sind ungefähr 14 Kinder hier bei uns durch die Familie gegangen. Warum? Erst mal muss man sagen, es ist unser Beruf. Die Mama ist Erzieherin, ich bin Sozialpädagoge. Vom Abschluss her bin ich was anderes, aber von der Tätigkeit her wie die Sozialpädagogen. (...) . Weißt du, die meisten Leute haben, so eine Trennung: Das ist meine Arbeit, das ist mein Leben. Hallo, meine Arbeit ist auch mein Leben oder ein Teil von meinem Leben. Kein unwesentlicher."*

Später spannt er den Bogen von der Haltung der beiden Eheleute zu der Haltung vorausgegangener Generationen ihrer beiden Familien:

> „Das ist eine Lebenseinstellung von uns. Wir haben es gelebt und ja, andere leben ihr Leben ein bisschen anders. Wir haben uns dafür entschieden. Es hat auch viel mit unseren Familien zu tun. Mamas Familie war eine sehr sozial eingestellte Familie. Und mein Vater war zwar Pastor, hat aber immer wieder mit irgendwelchen, gesellschaftlich etwas randständigen Personen zu tun gehabt. Und sein Vater, der hat das auch gemacht. Also das über Generationen weitergetragen. (...) Sowohl Mamas Familie wie auch meine. Die haben das auch aus ihrer Glaubensmotivation heraus gemacht, haben sich damit teilweise kräftig überfordert. Sowohl meine Familie wie ihre auch. Aber wir haben es versucht. Versucht und teilweise ist ja auch was ganz Gutes bei rausgekommen."

## ☰ ASSOZIATIONEN

In der Reflexion des Interviews und der Begegnung mit seinem Vater bemerkt Jerome Stachije:

> „Auch nach dem Interview verblasste seine Ausgelassenheit nicht. So gab er zu, dass er lange nicht mehr so viel und lang nur über sich selbst geredet hat. Das hat ihm in dem ganzen Stress, den er im Moment hatte, wohl ganz gut getan. Und dass er es ja sowieso mögen würde, wenn er Menschen durch Erzählungen seines Erlebten etwas mitgeben kann. Seine Werte sind mir auch verständlicher. Und ich fühle eine gewisse Dankbarkeit. Durch sein Getanes und den daraus resultierenden Wissensschatz."

Jerome Stachije setzt sich mit der Geschichte seiner Pflege-Eltern auseinander und kann sie im Gespräch vertieft erleben. Damit ist er der Quelle von Lebendigkeit seiner Eltern privat wie beruflich auf der Spur. Deutlich wird das Thema der Tradition über

Generationen hinweg, die ihre Haltung und christliche Verwurzelung genießen und gestalten können. Für Jerome Stachije ist insofern das Interview ein Andocken an den energiespendenden Vater-Kontakt.

# SCHWIEGERVATER HERMANN – FAST 100 JAHRE ERFAHRUNGEN

## ☰ MOTIVATION UND ABSICHT

Ulrike Pfeil lebt in Südhessen und hat vier bereits erwachsene Kinder. Ihre berufliche Tätigkeit besteht seit vielen Jahren darin, zusammen mit ihrem Mann Pflegekinder zu begleiten und diese mit neuen Erfahrungen und Bindungserlebnissen zu ermutigen, im Leben Fuß zu fassen. Stundenweise arbeitet sie zudem mit einem personenzentrierten Ansatz in einer Jugendhilfe-Einrichtung.

Ihr Interview führt sie mit ihrem 93-jährigen Schwiegervater, der mitten in Frankfurt lebt. Sie beschreibt ihn wertschätzend:

> *„Er ist stolze dreiundneunzig Jahre alt geworden. Ich bewundere diesen Mann. Hermann kann sich im Alltag weitgehend selbst versorgen. Er benötigt lediglich in wenigen Bereichen Unterstützung unsererseits. Er ist so genügsam und hat eine sehr positive Ausstrahlung. Sein Leben war nicht immer von einer Leichtigkeit umgeben, aber er hat immer eine optimistische Ausstrahlung sowie Einstellung beibehalten. Er ist immer gut informiert, stets am Geschehen der Welt beteiligt und orientiert und kann bis heute klare Gespräche führen.“*

Sie interessiert sich für die Kraft, die er sich erhalten hat, trotz Krieg und vieler anderer Härten des Lebens. Dieses Interview zeigt einen unerwarteten Umgang des Großvaters mit dem Schrecken des Krieges. Es ist aufgrund seines Gesundheitszustandes zeitlich relativ kurz.

## ☰ DAS INTERVIEW

Der Schwiegervater erzählt kaum über seine Kindheit und kommt gleich auf den zweiten Weltkrieg zu sprechen, den er als 15-jähriger Soldat zu erleben hatte.

> *„Damals, am 11. Januar 1944, wurde ich als junger Soldat gemustert und in den Dienst der Wehrmacht eingezogen. Man nannte es den Dienst am Volk der Gesellschaft. Ich war körperlich gesund und hatte Spaß daran, diese Tätigkeit auszuführen. Ich hatte zu dieser Zeit keine Angst und war auch nicht ein Kind der Traurigkeit. Mh, ja das Alter war da und ich besaß schon einige Informationen von meinem Elternhaus, denn mein Vater und Bruder waren auch schon im Krieg. (...) Ja, ich habe alles mitgemacht, was verlangt wurde, mir ging es körperlich sehr gut.“*

Zum Erstaunen für Ulrike Pfeil berichtet er beinahe stolz von seinen Aufgaben in diesem knappen Jahr bei der Wehrmacht. Durch die Tätigkeit als Flakhelfer entkommt er den Bombenangriffen auf Frankfurt 1944. Er gibt einen Einblick in seine Jugend:

> *„Nun ja, in dieser schweren Zeit haben die Kameraden zusammengehalten. Vom Alter her waren wir alle sehr jung, das Alter reichte von fünfzehn bis ca. fünfundzwanzig Jahren. Wir mussten alle schon sehr früh Verantwortung tragen. Manche der Kameraden waren sehr feinfühlig und sensibel, andere dagegen wirkten abgestumpft. Man suchte sich den passenden Kameraden halt raus und unterstütze sich in seinem Tun.“*

Im Dezember 1944 wird er entlassen, beginnt nach der Kapitulation Deutschlands eine Lehre als Installateur. Sein Vater und sein Bruder kommen 1946 aus der Gefangenschaft zurück.

Auf die Frage nach der Stärke, die ihm geholfen hat, berichtete der Schwiegervater:

> *„Nun ja, was hat mir Kraft gegeben? Ich habe mir damals wenige Gedanken gemacht, ich war ja noch so jung. Damals konnte man mich für vieles begeistern. Ich machte Sport, interessierte mich für die Technik, noch bevor ich eingezogen wurde. Meine Mutter war immer zu Hause, mein Bruder in Polen. Meine Familie gab mir Geborgenheit. Wir waren mit wenigen Dingen zufrieden. Wenig Essen, aber wir hatten uns, also meine Mutter und ich, der Vater war ja in Kriegsgefangenschaft. Nach Kriegsende 1945 kam mein Vater mit dem Zug nach Hause. Mein Gedankengang hat mir zu dieser Zeit Kraft gegeben und eine positive Denkweise. Es blieb mir auch nichts anderes übrig."*

## ☰ ASSOZIATIONEN

Dieses Interview beleuchtet wenig die Not des Jugendlichen, der als Flakhelfer sein Leben in einen sinnlosen Krieg einbringen musste und wollte. In den Erzählungen kommen weniger Abwägungen und politische Einstellungen zutage. Das Leben des Schwiegervaters scheint für die Interviewerin in der Jugendzeit durch Unbekümmertheit und z.T. durch Unbewusstheit gekennzeichnet zu sein. Ulrike Pfeil erkennt, dass auch diese Strategie des Umgangs mit Bedrohung das Überstehen von Krisen und beängstigenden Lebensumständen erleichtert kann.

Aufgrund des Alters und der Gesundheitssituation konnte das Interview mit dem Schwiegervater nicht weitergeführt werden. Sein weiteres Leben – so Ulrike Pfeil – bestand nach 1945 im Gestalten und Leben von Arbeit und Familie. So erscheint der Blick auf Jugend im Krieg ein wenig wie eine Verdrängung des Geschehenen und Unfassbaren.

Für Ulrike Pfeil, eine einfühlsame Studierende, die sich mit dem Thema Trauma und Posttraumatische Stressreaktionen beschäftigt, erscheint diese Verarbeitung des Schwiegervaters als dissoziative Reaktion. Hier nicht weiter „herumzustochern" ist ihr wichtig. Gleichzeitig besteht ihre Einfühlung in die Situation des Großvaters als Jugendlicher in der Nazizeit, sei er aus Verführung, Überzeugung oder Verdrängung in die Geschichte des Landes verwickelt gewesen.

In ihrer Tätigkeit als Pflegemutter ebenso wie in der Jugendhilfe spürt sie dem Unterstützungsbedarf von Kindern und Jugendlichen durch den Aufbau und die Pflege einer sicherheitsgebenden Beziehung nach. Den Umgang mit Traumata und versteckten Wunden begegnet sie mit einer liebevollen und annehmenden Haltung.

# DAS MÄDCHEN MIT DEM DEUTSCHEN NACHNAMEN – AUS DER SPRACHLOSIGKEIT KOMMEN

Die Erfahrung von Resilienz zeigt sich im Interview von Nadine Koller zunächst als hilfloser Umgang mit dem Ausschluss als deutschstämmiges Kind in Russland und später, nach der Umsiedlung, mit dem Ausschluss als russische Jugendliche in Deutschland.

## ☰ MOTIVATION UND ABSICHT

Nadine Koller lebt zusammen mit ihrer Familie mit zwei Kindern in Nordhessen, zeigt sich weltoffen und war mit ihrer Familie ein Jahr in China. Ihre erste Ausbildung ist die als Bürokauffrau. Die Erzieher*innenausbildung macht sie, um in ihrer Tätigkeit in einer Jugendhilfeeinrichtung eine pädagogische Ausbildung zu haben. Wichtige Themen sind für sie sowohl in ihrer Arbeit, als auch in einer sozialtherapeutischen Fortbildung, Umgang mit Gefühlen und die Integration von Krisenprozessen und belastenden Erfahrungen.

Als Interviewpartnerin sucht sie sich eine Frau, die sie hier Frau N. nennt. Frau N. ist 39 Jahre alt und hat zwei Kinder – *„eine* starke Person aus ihrem Freundeskreis, die sehr resilient sein muss, um das was sie in ihrer Kindheit und Jugend erlebt hat, so gemeistert zu haben. Ein Erleben voller Ausgrenzung, fehlender Zugehörigkeit, fehlender Hilfe und immer wieder Entscheidungen über ihren Kopf hinweg."

Mit der Wahl ihrer Interviewpartnerin betritt sie dieses ihr zunächst auch in der Reflexion fremdes Erfahrungsfeld. Dabei bleibt sie stets in Respekt, sorgt dafür, dass kein „Gefühl von Distanzlosigkeit" entstehen möge, bittet häufig um die Erlaubnis nachfragen zu dürfen. Nadine Koller bleibt in Dankbarkeit für das Teilen auch belastender Erfahrungen. Wobei Frau N. ausdrückt, dass sie froh ist über das „offene Sprechen können".

> „Ich wiederholte das was ich aus vorigen Erzählungen schon kannte und leitete das
>
> Interview (...) gezielt auf die Zeit, in der sie Russland verlassen musste und nach Deutschland kam. Ich bat sie, mir über ihr Erlebtes in Russland und in Deutschland zu berichten (...)"

## ☰ DAS INTERVIEW

„Es war ja so, dass ich bereits in der Kindheit erlebt habe, nicht dazu zu gehören. Wir waren die deutschen Kinder, die ausgegrenzt worden sind. In der Nachbarschaft, also in meiner Nachbarschaft, haben auch russische Familien gelebt und die Kinder durften nicht mit uns spielen", beginnt Frau N. In ihrer „Familie wurde russisch gelebt, gefeiert, gesprochen aber außerhalb dieser vier Wände war sie das Mädchen mit dem deutschen Nachnamen."

Eine frühe wesentliche Vertiefung der Erfahrung von Ausschluss ist für das Kind zugleich gepaart mit NICHT-Verstehen.

> *„In dem Alter habe ich es so gar nicht verstanden, weil
> ich es so absolut nicht nachvollziehen konnte. Ich wusste,
> dass mein Nachname deutsch war, ich wusste, dass meine
> Eltern deutsch sprechen, aber ich habe für mich keine deut-
> sche Zugehörigkeit gefühlt, weil ich nicht deutsch erzogen
> wurde. Für mich war das so, dass meine Eltern sich Mühe
> gegeben haben uns russisch zu erziehen. Wir haben nur
> russische Sprache gehört, also meine Eltern haben unterei-
> nander gar kein Deutsch gesprochen, sondern nur mit den
> Großeltern, wenn wir nicht dabei waren."*

Die Ausreise selbst erlebt und bewältigt Frau N. als 14-Jährige, indem sie innere Distanz aufbaut und hier erscheinen im Interview
das erste Mal Worte wie „Hass" und „Wut".

> *„Richtig verstanden habe ich das erst bei der Ausreise nach
> Deutschland. Als es dann hieß, wir fahren wieder zurück,
> also nach Deutschland, wir müssen das hier verlassen.
> Dann war für mich klar, ich gehöre tatsächlich nicht hier-
> her. Also war es tatsächlich so, dass ich mein ganzes Leben
> hier falsch war. Das, was immer gesagt wurde, weg von
> diesen deutschen Kindern, die gehören hier nicht hin, die
> müssen wo anders hin habe ich dann gespürt(...). Erst bei
> der Ausreise habe ich dann für mich, mit meinen 14 Jahren
> begriffen, du gehörst tatsächlich nicht dahin."*

*„Richtig verstehen"* kann Frau N. weder den Entschluss der Eltern noch die Regelungen der jeweiligen Behörden. Sie spricht
Russisch und kaum Deutsch, darf in Russland nicht Englisch lernen und kommt in eine neue „Heimat". Das Datum des 15. April
ist Frau N. heute noch sehr präsent. Für sie ist Deutschland keineswegs das Land der Sehnsucht und des Schutzes, als das es
den Eltern erscheint:

> *„Deutschland war ein Land weit weg. Die leben dort ganz
> anders wie wir, sprechen eine ganz andere Sprache und ich
> möchte dieses Land nicht haben, ich möchte diese Sprache
> nicht sprechen, denn durch dieses „Deutschland" bin ich ja
> bestraft worden, mein ganzes Leben lang oder in meiner*

*ganzen Kindheit und Jugend. Somit hatte ich keinen Hass, aber so eine Abneigung gegen Deutschland und dachte, bleib mir fort."*

Diese innere Distanz und Abwehr Deutschland gegenüber, hat Frau N. auch bei dem Verlassen der bisherigen Heimat Russland:

*„(...) eigentlich kann ich mich nur noch an die Abreise erinnern und an den Abschied. Ich weiß, dass ich mir damals vorgenommen hatte, bei dem Abschied so kühl wie möglich zu sein und keine Emotionen zuzulassen. Das war mein Ziel, um allen zu zeigen, es juckt mich nicht, ihr habt mich alle so lange so behandelt, dass es mich gar nicht interessiert, ob ihr traurig seid. Ich bin kalt, ich bin emotionslos, ich stehe da, und ich sag tschüss und ich gehe. Und das habe ich auch so gemacht."*

Beim Ankommen in Deutschland wird sie einem Test unterzogen, der in der Schule einstufen helfen soll, in welche Klasse die Jugendliche kommen könne. Auch hier kann die Jugendliche die Situation gar nicht erfassen:

*„Du stehst auf einmal wie in einem dunklen Walde. (...) Ich habe nichts verstanden. Ich wusste überhaupt nicht was die von mir wollten. Also ich bin in diesen Raum rein, dann kamen drei Frauen und ein Mann, das waren Lehrer und der Schuldirektor. Die haben sich vorgestellt, aber ich wusste nicht was die von mir wollen. Ich habe es einfach nicht verstanden. Es hat ja auch keiner übersetzt."*

Diese tiefe Hilflosigkeit definiert sie im Rückblick:

*„Es wurde immer wieder über meinen Kopf hinweg entschieden, was ich bin und wo ich hingehöre. Ich durfte seit der Kindheit nichts entscheiden. Ich durfte nicht entscheiden, mit welchen Kindern ich spiele, ich durfte nicht mitentscheiden welche Fremdsprache ich möchte, auch hier durfte ich nicht entscheiden, welche Klasse ich besuchen möchte, ich durfte nicht entscheiden was ich machen wollte. Es war wieder jemand, der mir sagte was ich machen muss, ohne mich zu fragen, ob ich es will."*

In der Klasse und der Schule in Deutschland erlebt sich die Jugendliche erneut als „*nicht dazugehörig*" und als ausgeschlossen. Die russischen werden von den deutschen Jugendlichen ausgegrenzt, gemobbt, abgewertet und körperlich angegriffen.

> *„Absolute Ausgrenzung. Vom ersten Tag an gab es richtig Mobbing, das war Mobbing im Bus, Mobbing im Dorf, also das war wirklich extrem. Es war schlimmer als das, was ich vorher in Russland erlebt habe."*

In der erneuten Erfahrung von Ausgrenzung gewinnt die Jugendliche N. in der Entdeckung des WIR und der Peer Group Handlungsideen und eine Strategie:

> *„Anfangs habe ich erstmal resigniert und mich verschlossen. Ich habe geschwiegen und aus dem Fenster gestarrt. Ich habe versucht, die Welt auszublenden und gehofft, dass all dies irgendwann einfach aufhört. Mit der Zeit habe ich gemerkt, dass dieser Weg nicht geht und habe angefangen, mich zu wehren. Von Schubsen bis Schlagen habe ich alles gemacht. Sobald die mich angepackt haben, habe ich zugehauen. (...) Durch unseren Zusammenhalt waren wir dann stark und die anderen merkten, dass sie gegen uns alle keine Chance mehr hatte. Sie wussten, dass wenn sie mich anpacken, die anderen kommen würden. Von dem Tag an hörte es auf."*

Auf die zusammenfassend reflektierende Frage von Nadine Koller resümiert Frau N., sie erkennt und würdigt ihren Weg und ihre Stärke, lässt Traurigkeit zu im Gedanken an andere Freundinnen und Freunde, die diesen Weg nicht selbstbewusst gehen konnten. Im Blick zurück und im Selbstgefühl des Jetzt, erkennt und begrüßt sie das Gefühl **Stolz**:

> *„Ganz ehrlich, ich wünschte, das hätte ich nie erleben müssen und ich wünsche es auch*
>
> *keinem anderen auf dieser Welt. Jetzt heute kann ich sagen, dass es mich auch positiv geprägt hat. Ich kann für mich sagen, dass ich keine Angst habe, wenn ich müsste,*

*in ein anderes Land zu gehen, mir dort ein neues Leben aufzubauen. Mich kannst du überall hinbringen, denn ich weiß, dass ich die Kraft habe, mich dort zu integrieren und einzuleben. Das habe ich damals natürlich nicht so gefühlt, damals war ich hilflos und aufgeschmissen. (...)*

*Jetzt bin ich hier angekommen, mir gefällt mein Leben und ich bin glücklich über das, was ich mir aufgebaut habe (...) es gibt Freunde aus meiner Jugend, die es nicht geschafft haben, stark zu bleiben. Manche haben angefangen zu trinken, Drogen zu nehmen und sind auf die völlig schiefe Bahn geraten. Es macht mich immer noch sehr traurig. All das hat so viel in mir verändert. Mir ist es auch jetzt egal, wenn ich in manchen Augen die Russin bin. Ich bin sogar stolz darauf zu sagen, dass ich Russin bin, obwohl auf dem Papier deutsch steht, das begann so mit 17, 18, 19 Jahren. Ich bin stolz in einem anderen Land aufgewachsen zu sein, dass ich Sachen kann, die andere nicht können, eine andere Sprache zu sprechen, die hier nicht alle verstehen."*

Nadine Koller reflektiert die Bedeutung des Interviews für sich selbst:

*„Akzeptanz für die Individualität der Menschen, denn ich kann nicht erwarten, dass jeder so resilient ist, wie meine Interviewpartnerin oder wie ich selbst. Gleichzeitig zeigte mir ihre Geschichte auch auf, dass wir oft stärker sind, als wir meinen und dass wir hinterher auf die überwundenen anstrengenden Momente mit Stolz zurückblicken sollten."*

Der Blick auf das im Interview Erzählte zeigt meines Erachtens, dass drei wesentliche Dinge für Frau N. zu erkennen sind:

1. Die Empfindung und wiederkehrende Erfahrung des Ausschlusses. Mit Ausschluss und Missachtung umzugehen, fällt uns Menschen überaus schwer. Schmerz kann durch Depression und Rückzug ebenso beantwortet werden wie durch Wut und Aggression (vgl. Bauer 2021, 47). Ausschluss, soziale Diskriminierung und Einsamkeit, also eine potentiell bedrohliche Situation wird als Stress empfunden, aktiviert über

unsere Empfindungen und Sinne Nervenbahnen, die mit der (meist unbewussten) Bewertung als bedrohlich vom Stirnhirn ins Angstzentrum, unsere Amygdalae ziehen (vgl. Bauer 2021, 24). Die Empfindung von sozialem Ausschluss aktiviert im Übrigen an der gleichen Stelle im Gehirn Erregung, wie dies körperlicher Schmerz oder das Miterleben von körperlichen Schmerz bei nahen Mitmenschen tut. Angst stellt sich zunächst auf der Gefühlsebene ein und erfasst den ganzen Menschen.

2. Die Erfahrung nicht gehört zu werden, *„der eigene Wille zählt nicht"*, auch diese Stresssituation wiederholt sich im Leben von Frau N., sie reagiert mit Rückzug, Abwehr und Aggression.

3. Im Erwachsenenalter kann Frau N. mit ihrer Reflexion Abstand gewinnen und erzählen und auch Stolz auf die eigen gestalte Lebensleistung finden. Dabei bezieht sie im Ja zu ihrem Leben, die Herkunft und Auseinandersetzung mit der Umwelt ein.

# JONA – EIN SIEBENJÄHRIGES MÄDCHEN IN ALBANIEN VERLIERT IHRE KINDHEIT

≡ **MOTIVATION UND ABSICHT**

Armanda Bakalli, eine junge Frau aus Albanien ist seit fünf Jahren in Deutschland und hat einen Bachelor in Physik. Ihre Arbeit in einer Einrichtung für behinderte Menschen bedeutet für sie Verantwortung und gibt ihr Sinn, sie vermittelt den Bewohner*innen Schutz und Sicherheit.

Für ihr Interview wählt sie ihre gleichaltrige Freundin Jona aus Albanien, die in Durres, einer Küstenstadt in Albanien, lebt und mit der sie per WhatsApp Kontakt hält. Sie wünscht sich ein Gespräch über die Kindheit von Jona. Sie geht mit ihrem Gegenüber zurück zu dem siebenjährigen Mädchen.

> *„Ich entschied mich letztlich für eine Freundin, die ich schon seit acht Jahren kenne. Ich entschied mich für sie, weil ich denke, dass sie ein hohes Maß an Resilienz besitzt. (...) Da wir uns schon seit acht Jahren kennen, wissen wir bereits vieles übereinander. Sie war in guten wie in schwierigen Situationen für mich da und unterstützt mich bei allem. Wir stehen uns somit sehr nah, haben uns jedoch noch nie wirklich über unsere Kindheit unterhalten. Mir war es für das Interview wichtig, Neues über eine Person zu erfahren, um diese noch besser verstehen zu können.“*

So nimmt Armanda Bakalli Kontakt zu einem Teil der Geschichte ihres eigenen Landes und damit auch zu den gelebten Kindheiten in ihrem Heimatland auf. Das Interview wird auf Albanisch geführt und für diese Veröffentlichung übersetzt.

## ☰ DAS INTERVIEW

Auf die Frage nach der Erinnerung an die Kindheit spricht Jona über eine dramatische Schlüssel-Situation, die ihrer bisher glücklichen unbeschwerten Kindheit ein Ende setzt, die für sie ein Verlust von Unbefangenheit, Leichtigkeit, Ausgelassenheit und Verspieltheit bedeutete:

> *„Mir kommt sofort ein Ereignis in Erinnerung, welches mich sehr geprägt hat und wenn ich mich an das Ereignis zurückerinnere, habe ich es wie einen Schwarz-Weiß-Film vor Augen. Es war das Jahr 1997. Es war das Jahr, in dem unser Land in einen Bürgerkrieg eintrat, den ersten Krieg nach so vielen Jahren der Schließung durch die kommunistische Regierung. (...) Ich hatte bis zu diesem Moment in meinem Leben als Siebenjährige weder mit Tod noch Zerstörung zu tun gehabt."*

Der geliebte Vater hat gerade die Mutter und die zwei Mädchen räumlich verlassen müssen, um Geld in Italien zu verdienen.

> *„Es war das erste Mal, dass sich jemand von uns trennte und Papas Abschied kam mir sehr schwer vor."*

Die Trennung vom Vater führt zu einer verstärkten Bindung an die Mutter und ist gleichzeitig mit der tiefgreifenden Angst vor dem Verlust von Sicherheit und Verbundenheit geprägt.

> *„Durch die Abwesenheit meines Vaters schien es mir, als ob ich meine Mutter immer mehr liebte, da sie nun meine einzige Bezugsperson war. Meine Mutter wurde jetzt das*

> *Zentrum meiner Schwester und mir, und es schien mir, als*
> *würde sie mich jeden Moment verlassen. Es schien mir, als*
> *würde ich sie auch verlieren."*

Zusätzlich kommt es im Land zu einem Bürgerkrieg. Die Mutter und die zwei Töchter müssen aus Angst vor Übergriffen abends die Türen mit Schlössern verschließen. Ein Freund bringt der Mutter eine Pistole, damit sie sich notfalls verteidigen könne.

> *„Ich sah, wie meine Mutter daraufhin etwas im Sofa ver-*
> *steckte, ich wusste nicht, was es war, jedoch war ich so*
> *neugierig, dass ich es unbedingt herausfinden wollte. Es*
> *war eines dieser Sofas, die man aufklappen und darin*
> *Kleidungen verstauen konnte. Ich wusste es so genau,*
> *weil meine Mutter dort immer eine Packung Süßigkeiten*
> *versteckte und diese rausnahm, wenn Freunde kamen.*
> *Ich hatte es damals zufällig entdeckt, ohne dass sie davon*
> *wusste, und von diesem Moment an öffnete ich das Sofa*
> *immer und stahl zwei Bonbons, eins für meine jüngere*
> *Schwester und eins für mich selbst. Später an diesem be-*
> *sagten Tag, an dem meine Mutter etwas darin versteckte,*
> *öffnete ich das Sofa wieder, aber diesmal habe ich den Bon-*
> *bons nicht einmal Beachtung geschenkt. Ich suchte nach*
> *dem, was meine Mutter nur ungern entgegen genommen*
> *hatte. Ich fand eine dunkle Kiste, in der sich eine kleine*
> *Pistole befand."*

Diesen Moment erinnert Jona wie einen Schlüsselmoment, in dem ihre Kindheit verloren geht und sie die Mutter nicht mehr mit ihren kindlichen Wünschen belasten will:

> *„In diesem Moment schien es mir, als wäre ich erwachsen*
> *geworden und erkannte, dass es wichtigere Dinge gibt als*
> *Puppen und Spielzeug."*

Die Bedrohung für die kleine Familie nimmt zu, wie auch die Angst der älteren Tochter:

*„Als einer unserer Nachbarn versehentlich von einer Kugel in seiner Wohnung getötet wurde, (...) Diese Art von Todesfällen wurden immer häufiger. Schüsse waren etwas Normales geworden, weil sie nie aufhörten. Ihre Salven waren überall zu hören und sogar vom Fenster aus konnte man die Kugeln sehen, die den roten Himmel leckten, als ich sie das erste Mal sah, schienen sie mir wie Feuerwerkskörper."*

Jona übernimmt zudem den Schutz der jüngeren Schwester, wenn die Mutter nach draußen gehen muss, um Essen zu besorgen:

*„Ich wurde praktisch allein gelassen. Kristi schlief. Ich ging auf Kristi zu, ich wollte sie wecken, aber sie tat mir leid. Ich wollte nicht, dass sie auch noch Angst haben muss, also setzte ich mich neben sie und wartete. Es scheint mir, dass ich von diesem Moment an eine Phobie vor dem Wartens habe, die Minuten vergingen wie Stunden, ich hielt es nicht aus. Draußen wurde es langsam dunkel, nur der Kugelhagel war zu hören. Ich hatte gelernt, ihn bis zu diesem Moment zu ignorieren, aber an diesem Abend schien es mir, als würde mir bei jedem Schrei, den ich hörte, das Herz brechen. Ich fing das erste Mal an, deutliche Lebensangst zu bekommen und hoffte, dass meiner Mutter nichts passiert ist."*

Wenn die Mutter zurückkommt, ruft sie den Namen der Tochter, eine für mich sehr eindringliche Situation:

*„Wenn ich mich an den Moment zurückerinnere, als ich meinen Namen aus der Stimme meiner Mutter hörte. Noch nie habe ich mich so erleichtert und glücklich gefühlt meinen Namen zu hören. Ich habe mich auf sie geworfen und sie umarmte mich weinend und zitternd. Es war das erste Mal, dass sie offen vor mir weinte. Sie küsste mich und ging daraufhin zu meiner kleinen Schwester und küsste sie auch. An diesem Tag brachte Mama Mehl, Zucker und eine Flasche Öl nach Hause."*

## ☰ ASSOZIATIONEN

Die Inhalte des Interviews sind eine Schilderung des kindlichen Erlebens von Krieg, Bedrohung und Gewalt. Sie können durchaus als traumatische Erlebnisse des siebenjährigen Kindes verstanden werden.

In der Rückschau auf das Interview bemerkt Armanda Bakalli, dass sie mit ihrer Freundin sehr in Resonanz geht und die Geschichte emotional „miterlebt".

> „Es waren so viele Emotionen und Gefühle in diesem Gespräch: Angst, Liebe, Verantwortung, alles gemischt. Zum Beispiel das Gefühl von Angst, dass sie auch von ihrer Mutter getrennt würde (...). Mami ishte bere tani qendra ime (auf Deutsch: Meine Mama ist jetzt das Zentrum meines Universums). (...) Dies ist ein Teil ihres Lebens, den sie nicht auslöschen kann. Die Geschichte lebt mit ihr. (...) Das Gefühl von Angst, das sie erlebte und jedes schreckliche Kugelgeräusch, das sie ständig hörte, sind einfach unvergesslich, denn, sobald dieses Jahr oder dieses Thema erwähnt wird, erinnerte sie sich sofort. Sie war noch ein Kind, aber sie erinnerte sich an die Ereignisse zu diesem Thema sogar im Detail. Ich habe das Gefühl, Jona erinnerte sich gerne an alles, nicht, weil da etwas Schönes war, sondern weil es sie vorzeitig erwachsen gemacht hat und sie heute die Dinge, die sie hat, ihre Familie, noch mehr schätzt."

Wenn Armanda Bakalli über die Bedeutsamkeit des Interviews nachdenkt, beschreibt sie Nähe und Vertrautheit zwischen der Freundin und ihr als Schatz:

> „Dieses Interview mit meiner Freundin zu führen, war eines der schönsten Erlebnisse, die wir zusammen durchgemacht haben. Ich entdeckte an Jona eine neue Seite (...). Wir sind im gleichen Land geboren, sind gleich alt und obwohl unsere Städte weniger als eine Stunde entfernt voneinander sind, habe ich den Krieg nicht so wie Jona erlebt. Ich denke, dadurch, dass ihre Familie getrennt war,

*hat ihr der sichere Hafen gefehlt, was bei mir nicht der Fall war. (...) Ich stand vor einem Ereignis, das mir den Atem verschlug. Mein Eindruck war, dass die kleine Jona nach all den Gefühlen, die ich im Gespräch als Gegenüber gleichzeitig miterlebt habe, das Gefühl von Angst mit einer Art Traurigkeit vermischte, letztendlich glücklich wirkte."*

Und was sie an Jona so schätzt und als Anregung für Kraft und Optimismus nimmt, kann sie selbst genau reflektieren, indem sie auf eine Schlüsselszene sieht, die Sinn zu ergeben scheint:

> *„In dieser Geschichte von Jona finde ich, dass sie sehr mitfühlend und empathisch ist. Sie möchte ihre kleine Schwester nicht wecken und gibt ihr Priorität, damit sie nicht fühlen muss, was Jona als große Schwester fühlt. Sie ist verantwortungsvoll und hat das Bedürfnis ihre Familie zu beschützen. Sie wirkt auf mich sehr altruistisch. Ich denke, die sichere Bindung, die sie zu ihren Eltern entwickelt hat, hat Jona in dieser Situation geholfen, wieder die Freude am Leben zu finden."*

Dieses Interview lässt ein traumatisches Erlebnis wieder wach werden, beeindruckend, dass das Gespräch unter den Freundinnen hilft und erleichtert. Unabhängig von möglichen Folgen für Kinder, die Krieg, Gewalt und Angst so direkt mitbekommen, ohne verstehen zu können, zeigen sich:

- Es macht Sinn, eine Freundin zu haben, mit der man darüber sprechen kann. Die erlebte und überlebte Geschichte wird im Sprechen ein wenig fassbarer - dies ist ein Zeichen des tiefen Wertes von geteilten Narrationen, zumal Armanda Bakalli ja selbst die Zeit von Bedrohung und Krieg in Albanien erlebt hat.

- Ihr Bindungssystem wird bedroht durch die Abwesenheit des geliebten Vaters und den Überlebenskampf der Mutter. Das Mädchen hat das Gefühl, ihre Kindheit zu verlieren, sie beschließt, die Mutter *„nicht mit meinen kindlichen Bedürfnissen belasten zu dürfen"*.

- Gleichzeitig scheint die Sorge für die kleine Schwester ihr selbst Halt zu geben.

- Die Interviewerin bemerkt, dass Sicherheit und Bindung in der Familie ein sicherer Hafen in der erlebten Bedrohungslage des ganzen Landes waren. Jona drückt dies so aus:

*„Wenn ich jetzt zurückblicke, glaube ich, dass mir die Liebe zu meiner Familie geholfen hat, mich an diesen Moment anzupassen. Denn zum Guten oder Schlechten ist die Liebe das Gefühl, das Kraft nährt!"*

# AUSRICHTUNG AUF FREUDE UND SPIELRAUM

Die Studierende Martina Herzberger ist verheiratet und hat drei erwachsene Kinder. Sie geht in ihrem Leben und der Arbeit in einer Kindertagesstätte von der Würde des Menschen aus, die nicht verletzt werden darf. Das Annehmen der Kinder mit zugewandter Nähe und dies im achtsamen Begleiten und Ermutigen des Wachstumsprozesses in einem pädagogischen Team erfüllt sie.

Für Ihr Interview sucht sie sich eine Freundin, die 72-jährige italienischstämmige Cara aus, die seit dem zwanzigsten Lebensjahr in Deutschland lebt.

Über ihre eigene **Motivation und Absicht** schreibt sie:

> „Wir alle wollen in belastenden Situationen psychisch stabil bleiben und stark durch den Alltag gehen. Wie das gelingen kann, untersuche ich in dem Interview mit einer guten Freundin, um (...) die Stärken meines Gegenübers zu verstehen und ein Bewusstsein darüber zu entwickeln, wie Menschen Krisen bewältigen und sogar gestärkt aus ihnen hervorgehen können". (...) Ich lernte Cara als Teenager im Alter von 14 Jahren kennen. Sie suchte Aushilfen für ihre Eisdiele. ... Da ich selbst in einer sehr konservativen Familie aufgewachsen bin, war ich überwältigt von Caras Lebendigkeit und Lebensfreude. Einmal, ich kannte Cara noch nicht lange, nahm sie ihre kleine Tochter vor mir hoch und küsste und umarmte sie in einer herzlichen Selbstverständlichkeit. Ich erinnere mich noch, dass ich dachte: „Wie kann sie das Kind vor mir, einer Fremden, so innig drücken?".

*Cara hat mir eine neue Welt eröffnet. Durch sie habe ich nicht nur gelernt, menschliche Nähe in einer mir bisher nicht bekannten Art und Weise zu leben."*

## ☰ DAS INTERVIEW

Auf ihre Stärke und positive Lebenseinstellung hin angesprochen, fasst Cara in dem Interview zusammen:

> *„Aber ich habe Kraft gehabt. Ich war nicht so ängstlich (...) ich wollte immer etwas machen, etwas für mich. Weil mein Vater war sehr streng. Wir waren arbeiten und mein Vater hat immer das ganze Geld kassiert. Und da habe ich gesagt: Jetzt ist Schluss. Jetzt muss ich mir (eigenes) Geld verdienen, wo ich etwas davon habe. Ich wollte unbedingt selbständig werden, das war´s."*

Cara kommt mit 19 Jahren aus Italien nach Deutschland, um eigenes Geld zu verdienen und auf eigenen Beinen zu stehen, dieser brennende Wunsch motiviert sie.

> *„Ich muss hier weg, weil erstens die Arbeit war nicht richtig da – ich habe gearbeitet als Verkäuferin (...) und das hat mir nicht gefallen. Und da wollte ich weg (...) Ich wollte für mich selbständig werden. Ich wollte unbedingt selbständig werden, das war`s. Ein Eisdielenbesitzer aus Italien hat für seine deutschen Niederlassungen Mitarbeiter\*innen gesucht. (...) Wir waren ja mehrere junge Leute, Italiener. Wir waren zusammen (in Deutschland). Ich bin nicht einfach alleine und habe einen Arbeitsplatz gesucht. Ich habe eine Arbeit gehabt, bevor ich weg gegangen bin."*

Nach drei Jahren Mitarbeit eröffnet sie ein eigenes Eiscafé in einer hessischen Kleinstadt, welches sie 40 Jahre sehr erfolgreich führt - Erfolg bedeutet für sie Zufriedenheit mit dem eigenen Geschaffenen, Verbindung mit der eigenen Familie und - das ist ihr wesentlich - für das eigene Kind da zu sein.

> *„(...) ich habe immer überlegt: was kann ich machen, was kann ich tun, bevor ich einen Fehler mache. Ich war wahrscheinlich zufrieden mit dem, was ich gemacht habe. Weißt Du, ich wollte nicht mehr. Ich habe eine Eisdiele gehabt, da habe ich gelebt und das hat mir gereicht. Ich habe ein bisschen gespart und habe gut gelebt, und habe gespart, das war für mich wichtig. Ich wollte nicht eine größere Eisdiele und noch eine Eisdiele, wie es viele Kollegen von mir und auch meine Schwester gemacht hat. Ich war zufrieden mit dem, was ich hatte. Und ich wollte nie, dass meine Tochter immer woanders lebt, weißt du, du suchst einen anderen Platz, wenn Du noch eine andere Eisdiele noch größer und noch mehr haben willst. Und weißt du, ich habe gesagt, wenn ich ein Kind habe, ich möchte gerne, dass mein Kind dort bleibt, wo es geboren ist, oder in der Nähe wenigstens.“*

Spürbar ist aus dem bisher Gesagten die Fähigkeit, mit dem bisherig Erarbeiteten zufrieden zu sein und der Idee des Wachstums mit einer neuen Eisdiele in der Großstadt zu trotzen. Und ein Leitstern ist für sie der Wunsch, der Tochter eine beständige und sichere Kindheit zu schenken.

Ihre eigenen Kindheitserfahrungen beschreibt Cara als sehr glücklich, wobei sie häufig Schule und Wohnort wechselten. Die Eltern hatten mit ihr in Libyen gelebt, waren dann nach Italien gezogen. Sie empfand Wohnortwechsel stets als unbeständig und belastend:

> *„In Italien waren wir in Conegliano, in der Nähe von Conegliano. Und da waren wir ... ein Jahr oder eineinhalb/ zwei Jahre. Und danach sind wir wieder in ein anderes Dorf. Und das war für mich schlimm. Denn jedes Mal, wenn ich Freunde hatte, musste ich wieder weg. Und nachher waren wir viele Jahre, bis ich 19 war, in diese Orsavo da. Und dann mussten wir wieder ausziehen.“*

In der Rückschau auf ihr Berufsleben strahlt Cara Zufriedenheit aus und bemerkt:

„In Deutschland die erste Zeit war hart. Sehr hart in der
Kleinstadt. Aber danach, ich habe mich langsam daran
gewöhnt. Und die Leute haben sich auch an mich gewöhnt.
Und das war sehr schön. Du hast ja gesehen, am Ende (als
die Eisdiele zugemacht wurde), sind alle da gewesen. Das
hat mir sehr, sehr viel Freude gemacht. (...) Sie haben Vertrauen zu mir gehabt. Ich meine, das war schön. Das war
auch schön für mich, weil irgendwann hatte ich die Nase
voll von diesem Wechsel. Als Kind schon. Und da war ich
froh. Ich habe gesagt: Nein, es ist egal, ob ich weniger oder
mehr (verdiene), ich bleibe hier in B. Und so habe ich es
gemacht und das war ganz gut so. (...) Ich würde vielleicht
alles noch einmal so machen.“*

Martina Herzberger führt das Interview mit der humorvollen und
lebenslustigen Cara sehr zugewandt und bestätigend, diese freut
sich zu erzählen und bestärkt zu werden.

## ≡ ASSOZIATIONEN

Vier Dinge sind offenbar für Caras Resilienz und Lebensgestal-
tung wichtig:

1. Es zeigt sich der drängende Wunsch nach Selbständigkeit
   und damit eigen über das Erarbeitete verfügen zu können,
   den eigenen Lebensweg gestalten zu wollen.

2. Deutlich wird, dass Familie für sie einen hohen Stellenwert
   hat. Ihrer Tochter bietet sie ein beständiges Lebensumfeld –
   auch dies ist eine gestaltete Gegenerfahrung zur der eigenen
   Kindheit. Eine ihrer Lebenskrisen bezieht sich auf den Tod
   der Mutter in Korsika, die sie stets finanziell unterstützt hatte,
   der sie aber gerne mehr Zeit gewidmet hätte.

*„Und das begleitet mich für den Rest meines Lebens. Ich habe
immer ein schlechtes Gewissen innen drin. Aber, ich hätte sie
nicht mehr retten können.“*

Als später ihre Enkelinnen geboren werden, findet sie tiefe Lebensfreude und Lebenssinn.

3.  Im Einklang mit sich selbst entscheidet sie sich gegen Expansion und damit gegen die Wachstumsidee. Ihr gelingt es, zufrieden mit sich und dem Leben zu sein, wie es durch sie bisher gestaltet wurde.

*„(...) Ich wollte nicht eine größere Eisdiele und noch eine Eisdiele, wie es viele Kollegen von mir und auch meine Schwester gemacht hat. Ich war zufrieden mit dem, was ich hatte. (...) Ich würde vielleicht alles noch einmal so machen."*

4.  Cara strahlt Spiritualität, die Hinwendung im Gebet zu Gott und Humor aus:

*„(...) An Gott glaube ich, Martina, natürlich. An Gott glaube ich 100 Prozent. (...) Weißt Du, ich denke immer, ich muss nicht in die Kirche gehen und sitzen und beten. Ich kann auch zuhause beten. Ich bete jeden Abend bevor ich einschlafe. Willst du noch einen Kaffee, Schatz?"*

# IN EINER HÖHEREN KRAFT DEN ANKER WISSEN: GEBET UND VERGEBUNG

## ☰ MOTIVATION UND ABSICHT

Dieses Interview wird von einer jungen Frau aus Albanien geführt und ausgewertet, die den eigenen Namen und den der Interviewpartnerin nicht nennen möchte. Sie interviewt eine befreundete Erzieherin in einer Wohngruppe für behinderte Menschen. Aufgrund der schwierigen Telefonverbindung zu ihrer eigenen Familie und der Befürchtung, *„zuviel aufzuwühlen"*, wählt sie eine ihr zugewandte und sie unterstützende, von der Lebenserfahrung her ältere Freundin, die sie Ilona nennt. Diese ist Mutter dreier Kinder und hat sich von ihrem Mann getrennt, als die Kinder noch jung waren.

**Das Interview**

Die zentrale Frage im Interview bezieht sich auf die Phase der Trennung, die Situation des Umzugs aus der gemeinsamen Wohnung und die Situation als Alleinerziehende.

> *„Also für mich war das total schwierig, weil ich wusste, dass wir jetzt nicht die weltallerbeste Ehe führen, aber ich wäre nie draufgekommen, dass sie in seinen Augen so schlecht war, dass wir uns trennen müssen. Also für mich war auch eine Trennung oder ´ne Scheidung, das war*

*außerhalb meines Vorstellungsvermögens, das gab's nicht in meiner Vorstellung. Dass meine Ehe in die Brüche gehen würde, dass hätte ich niemals gedacht."*

Auf die Frage, was ihr in dieser Zeit geholfen habe, antwortet diese spontan:

*„Das war auch ganz wichtig und ich glaub das, was mich überhaupt da durchgebracht hat, das waren tatsächlich der Glaube, mein Glaube, und die Gebete. Zu wissen, dass meine Mama für mich betet, dass meine Geschwister für mich beten und auch ganz viele Freunde, das habe ich in der Zeit ganz stark gespürt."*

Für sie ist das Zusammenleben mit den Kindern, das Sehen, wie diese aufwachsen und selbstständig werden, ihr Erfolg in der Schule und später im Studium gleichzeitig Halt und Bestätigung, dass *„es sich lohnt"*. Dafür entwickelt Ilona Stärke, nimmt drei Jahre unbezahlten Sonderurlaub, zieht mit den Kindern in eine Wohneinheit für alleinerziehende Mütter, arbeitet später halbtags.

*„Was hat dich so gestärkt?"*, fragt die Interviewerin.

*„Ich glaube bestimmt meine Jungs. Die haben ja dann alle angefangen zu studieren. Ich habe irgendwann gedacht: Ja, die kriegen ihr Leben wirklich gut auf die Reihe. Das war schon irgendwie 'ne Erleichterung für mich, das so mitzukriegen. Weil es auch wirklich anders hätte ausgehen können, also, die hätten auch echt auf die schiefe Bahn geraten können. Aber auch da hat Gott irgendwie echt so seine Hand drüber gehalten."*

Eine Schlüsselszene zum Thema Vergebung fällt ihr ein:

*„Ich bin mal auf dem Damm spazieren gegangen und ich habe irgendwie so, ich weiß nicht, ob das vorher Thema in der Gemeinde gewesen war, „Vergebung" und den Anderen „aus dem Schuldturm entlassen", das war vorher so Thema im Gottesdienst und dann habe ich so beim Spazierengehen gemerkt, dass Gott so von mir erwartet oder mich*

*so dahinführt, mich ganz bewusst über meinen ehemaligen*
*Mann auszusprechen, dass ich ihm vergebe. Also, da gab es*
*verschiedene Sachen in meiner Ehe, die einfach nicht gut*
*gelaufen waren. (...) Und als ich diesen Spaziergang ge-*
*macht habe, da habe ich irgendwie gemerkt, dass es nicht*
*darum geht zu vergeben, damit es dem anderen besser*
*geht, sondern damit es mir selber besser geht. Genau.“*

Des Öfteren erwähnt Ilona im Interview, dass ihr die „Beziehung
zu Gott“ geholfen habe, dass Gebete sie erfüllen und Spiritualität
ihr Halt und Orientierung zusprechen. Zudem ist ihr das Einge-
bunden-Sein in die Gemeinde wesentlich:

*„(...) Dann bin ich über eine Freundin in die landeskirch-*
*liche Gemeinde in Frielendorf gekommen und die hat mich*
*dann mitgenommen und da war´s dann irgendwie so, dass*
*mein Leben irgendwie so ein bisschen so einen neuen, eine*
*Wende will ich nicht sagen, mir fällt jetzt auch kein richtig*
*gutes Wort dafür ein, also ich habe dann irgendwie eine*
*neue Perspektive gekriegt für mein Leben.(...)*

*Zu wissen, dass meine Mama für mich betet, dass meine*
*Geschwister für mich beten und auch ganz viele Freunde,*
*das habe ich in der Zeit ganz stark gespürt.“*

## ☰ ASSOZIATIONEN

In der Reflexion des Interviews fasst die junge Studierende in eigenen Worten zum Thema Resilienz die Erkenntnisse des Interviews zusammen. Neben der spirituellen Verbundenheit weist sie
auf die Bedeutung der Verbundenheit in Netzwerken hin.

*„Ein anderer wichtiger Punkt, den ich in den Vordergrund*
*stellen möchte, ist das Thema „Verbundenheit und Bezie-*
*hungen“. Um viele starke Gefühle und negative Gedanken*
*auszuhalten, waren bei Ilona die Hilfe von Freunden, der*
*Zusammenhalt in der Gemeinde oder die Unterstützung*
*an der Arbeit von Kollegen sehr wichtig. Ich interpretiere*

*das auch als eine Stärke von Ilona, sich in Verbindung mit anderen zu sehen, denn wer auch in Stressphasen weiterhin das Netzwerk und die Beziehungen pflegt, wird dabei neue Kraft schöpfen. Obwohl Ilona ihre Gemeinde wechselte, hat sie durch Freunde neue Freunde kennengelernt. Ich finde es mutig, dass sie den Schritt gemacht hat. Sie lernte andere Mütter kennen und hat sich geborgen gefühlt und „eine neue Perspektive gekriegt", obwohl es in ihren Leben alles noch schmerzhaft war und schwer mit sich und drei Kindern zurechtzukommen."*

# EINE ARBEITSKOLLEGIN UND MENTORIN INSPIRIERT IHR GEGENÜBER

## ☰ MOTIVATION UND ABSICHT

Ein Studierender, der nicht namentlich genannt werden möchte, hat sich für sein Interview eine Kollegin aus seiner Praxisstelle, einem Waldkindergarten ausgesucht, er nennt sie Miriam und beschreibt die Basis der bestehenden Arbeitsbeziehung folgendermaßen:

> *„Von Anbeginn an von einem äußerst respektvollen, wertschätzenden, kooperierenden, zielorientierten und somit produktiven Zusammenarbeiten geprägt. Dazu gesellen sich Ebenen sehr ähnlich gelagerter Verständnisse von Spontanität, Humor und positivem Denken."*

Es kommt spontan zu diesem Gespräch, gerade weil er *„kein ausgewiesener Freund von terminierten Gesprächssituationen"* ist.

> *„Meines Erachtens können die einen Termin umrahmenden Faktoren deutlichen Einfluss auf den angedachten Austausch nehmen. Fußend auf Erfahrungen v. a. aus dem privaten Bereich wie auch aus beruflichen Zusammenhängen, habe ich Gespräche schätzen gelernt, die sich aus beiderseitigem Einvernehmen über den dafür günstigen Augenblick eher spontan ergeben. Derart zustande kommende Gespräche erlebe ich zumeist als gewinnbringender, da sich*

*aufgrund eines dann oft bewussteren einander zugewandt Seins Ebenen größerer Offenheit und inhaltlicher Tiefe eröffnen können."*

Seine Eingangsfrage bezieht sich auf die Fähigkeit von Miriam, Herausforderungen und Krisen wahrzunehmen und mit diesen umzugehen.

### ☰ DAS INTERVIEW

Miriam beginnt auf die Frage sehr spontan mit dem Thema Vertrauen

> *„(...) Also, was meine Strategie ist, wenn's mir irgendwie nicht gut geht, oder wenn ich irgendwie das Gefühl habe, oh, das ist jetzt ein Riesenproblem, dann ist eigentlich das Erste immer, dass ich darüber mit irgendwelchen Leuten spreche. Und zwar in der Regel mit Menschen, denen ich das anvertrauen kann."*

Sie betont eine erlernte und geübte eigene Haltung des Reframings (einen neuen Rahmen geben, eine neue Sicht auf das Thema zulassen), wohl wissend, dass sie ebenso die Haltung des Versinkens im Problem kennt:

> *„Also, dann habe ich in der Vergangenheit immer ganz gute Erfahrungen damit gemacht, mir zu überlegen, was ist denn jetzt vielleicht auch der Vorteil von der Geschichte? Tatsächlich ist das eine Strategie, die ich verfolge. Und (...) weil ich jemand bin, der eher dazu neigt, Dinge eher schnell (...) sehr zu dramatisieren (lacht) also, ich bin eher ein Pessimist als ein Optimist, (...) musste ich auch erst lernen, im Laufe meines Lebens (...) das Problem, man kann ja ein Problem ganz anders sehen, also gar nicht als Problem, sondern als Herausforderung."*

> „Normalerweise bin ich oft in dieser Haltung, mich darin
> zu suhlen in diesem Unglück. (lacht) Und das ist eben eine
> andere Form, damit umzugehen, zu gucken, was kann ich
> da jetzt eigentlich machen."

Im Weiteren erzählt sie von praktischen Hilfestellungen durch
*„Sport als Selbstcoaching"* z.B. im Wald oder an der Kletterwand.

> „Und ich hatte mal irgendwann mega Liebeskummer,
> und(...) dann bin ich gejoggt, und musste so einen ganz stei-
> len Berg hoch, und ich hatte ja eigentlich gar keinen Bock,
> und wollte eigentlich aufgeben. (lacht) Und dann habe ich
> mir aber gesagt, wenn du da jetzt hochläufst, dann kriegst
> du das auch in den Griff so mit deinen Emotionen, die zu
> regulieren, und dann schaffst du auch da drüber zu stehen.
> Und, dann bin ich da hoch, und habe mich da mit letzter
> Kraft den Berg hochgepumpt, und am Ende war es dann
> halt eben ein supercooles Gefühl, und dadurch, ja, das ist
> dann eben wie so ne psychologische Brücke, die ich mir
> schaffe, in dem Moment."

Neue Perspektiven und Hilfestellungen, *„über das offene Ohr hinaus"*, bekommt sie in Gesprächen und Begegnungen mit ihrem
Freund*innen, wie auch von Impulsen aus Büchern/Kursen (ein
nicht genauer benanntes wissenschaftliches Buch, sowie ein On-
line-Kurs „Positive Psychologie"):

> „Also wenn ich gesagt habe vorhin, ich geh' erstmal und
> spreche mit Menschen, dann ist das ja primär auch in der
> Funktion mit dem Problem nicht mehr alleine zu sein, aber
> natürlich sind die Menschen andererseits ... die geben ja
> auch Input ... Impulse, wie man mit dem Problem noch
> umgehen kann. (...) Anhand dieses Buches ist mir das klar
> geworden, um was es in meinem Leben geht, was wirklich
> wichtig ist. Und mit dem Mann habe ich dann sogar per-
> sönlich noch Kontakt aufgenommen, weil der mir, weil mir
> das so viel gebracht hat, (...) weil, das war so ein Sendungs-
> bewusstsein, das ich da empfunden habe."

Die Beziehung mit ihrem Mann erwähnt Miriam an mehreren Stellen im Interview als bedeutsam und tragend, wobei sie mit Humor von der Situation des Kennenlernens erzählt:

> *„Total verrückt, weil ich war bei einem Freund in der Wohnung, und da war, der hatte auch letztlich erst geheiratet, und dann waren an der Wand so Bilder von seinen Hochzeitsgästen. (lacht) Und dann hab' ich gefragt, so aus Witz, ne: „Wer von denen ist denn eigentlich noch Single?" Also so als Witz, ne. (...) Und dann war das der Klaus [Name geändert]. Der war dann da auf einem Bild, und dann hab' ich gedacht, dieses Bild, da sah der so süß aus, und dann hat er so Grübchen gehabt, und oh, ach der ist ja wirklich süß. Und dann hab' ich halt gesagt, ja ok, der kommt ja nicht von alleine zu mir, den kann ich ja so auch nicht kennenlernen, und dann hab' ich auch einiges in die Wege geleitet, damit ich ihn mal kennen lernen kann."*

Selbstwirksamkeit zu erleben, das ist nicht nur zu Beginn der Beziehung mit ihrem Lebenspartner etwas, das Miriam wichtig ist.

> *„ (...) in dem Sinne, dass man halt irgendetwas in Angriff nimmt, und dann merkt, man kriegt da Ergebnisse, und wenn man den ganzen Tag rumlag auf dem Sofa, und dann denkt, boah, eigentlich müsste man ja seine Versicherungspost erledigen, aber da natürlich gar keinen Bock darauf hat. Aber dann weiß ich ja, in dem Moment, wo ich es gemacht hab, dann ist ja das <u>so</u> entlastend. Das gibt ja so positive Gefühle."*

Abschließend bemerkt Miriam im Interview noch die befreiende Wirkung von Humor und verrückten Ideen:

> *„Weil, das möchte ich abschließend sagen, eine ganz, ganz wichtige Ressource für mich ist auch, wenn's irgendwie mal so schiefläuft, ist auch Verrücktheit, also so verrückte Gedanken, so Crazyness. Das bringt mir richtig was. Das sind so Momente, die entstehen, die man dann nie wieder vergisst, weil sie einfach einzigartig sind, und davon kann man auch so zehren, und darüber lachen, und Humor ist ja (lacht)."*

In der Rückschau auf den Prozess des Interviews bemerkt der interviewende Studierende die Nähe, die im Prozess des Hinhörens entsteht:

> *„Vor dem Hintergrund, dass Privates bislang allenfalls entlang von kleineren Alltäglichkeiten zwischen uns ausgetauscht wurde, hat Miriam mir einige tiefe Einblicke in ihr persönliches wie familiäres Privatleben anvertraut. (...) Eine weitere positive Rückmeldung lag für mich darin, als Miriam kurz vor dem Ende des Interviews sagte: (...) ‚Ich kann gar nicht aufhören, darüber zu reden‘.“*

## ≡ ASSOZIATIONEN

*„Unter Resilienz wird die Fähigkeit von Menschen verstanden, Krisen im Lebenszyklus unter Rückgriff auf persönliche und sozial vermittelte Ressourcen zu meistern und als Anlass für Entwicklung zu nutzen"* (Welter-Enderlin/Hildenbrand 2006, 13).

In diesem Interview zeigt sich eine offene und erzählfreudige Gesprächspartnerin mit Humor und Tiefgründigkeit. Im Hinblick auf das Thema Resilienz finden wir hier: Selbstwirksamkeitserfahrungen, Austausch und Kommunikation, Humor, Aktiv Sein, vertraute und nahe Beziehungen.

# ZWEI STARKE FRAUEN BEGEGNEN SICH INSPIRIERT IM GEGENÜBER

## ≡ MOTIVATION UND ABSICHT

Ghada Alshusheh, eine Studierende aus Syrien, ist seit sechs Jahren in Deutschland und arbeitet in einer Kindertagesstätte. In Syrien war sie Rechtsanwältin. Die Erzieher*innenausbildung ist für sie ein großer Schritt, zumal ihre Ausbildung in Deutschland nicht anerkannt ist. In ihrer Arbeit wird sie in der Kindertagesstätte sehr geschätzt für die Fähigkeit, auf Kinder einzugehen und gerade für Kinder und Eltern aus dem arabischen Sprachraum so etwas wie Anker und Brückenbauerin in das neue Land zu sein.

Sie interviewt eine für sie wesentliche Helferin, die ihr Ankommen und Fuß fassen für ihre Familie mit drei Kindern, wie auch das Erlernen der deutschen Sprache stets unterstützt und begleitet hat. Sie nutzt den Kontakt und erfährt vieles über Mut, Motivation zum Leben und Umgang mit Krisensituationen.

> „Frau von W. hatte den Mut und den Willen etwas zu ändern und die Stärke, das auch umzusetzen. Ihr Lebensweg war sehr steinig, was sie überwinden wollte. Sie hat sich immer neue Lebensziele gesetzt. (...) Dahingehend scheint es meine Bewunderung und den Erforschungswillen hervorzurufen, wenn Menschen, seien es Kinder oder Erwachsene, solch eine Fähigkeit zur Resilienz gegen negative Le-

*bensumstände an den Tag legen. (...) Dabei hatte Frau von W. viel Verständnis und Geduld. Sie ist einer der Gründe, warum sich meine deutsche Sprache einigermaßen verbessert."*

Im Interview schwingt stets mit, dass die eigene Geschichte von Ghada Alshusheh als Flüchtling mit inzwischen deutscher Staatsangehörigkeit ebenso angesehen und die eigene Resilienz realisiert wird.

> *„Als Flüchtling bin ich hierhergekommen, vor allem haben ich und meine Kinder die Sprache nicht beherrscht. Ohne die Sprache kommt man sehr schwierig im Leben weiter. Wir haben alles verloren und mussten bei Null anfangen. Ebenso haben wir alle unsere Bekannten und Verwandten verlassen. Ich brauchte jemanden, der mich unterstützt, der mir hilft und mir sagt, was ich machen muss. In einem Land, wo die Lebensumstände anders sind, brauchten wir jemanden, der uns die Regeln in Deutschland erklärt, sowie auch die deutsche Kultur näherbringt."*

## ☰ DAS INTERVIEW

> *„Frau von W. begann ihre Geschichte zu erzählen und ich hatte das Gefühl, diese mit ihr zu durchleben. Sie erzählte, dass sie in Kriegsjahren und Nachkriegsjahren aufgewachsen sei, wobei sie alles verloren hat, genau wie wir."*

Frau von W. beginnt im Interview selbst die Verbindung zu ihrer Interviewerin herzustellen, indem sie auf die gemeinsame Betroffenheit hinweist: *„Ja natürlich. Ich bin in Kriegs- und Nachkriegsjahren aufgewachsen, und wir haben alles verloren, genau wie ihr."*

Im Weiteren berichtet sie von einer Sternstunde, als mit 36 Jahren ihr sehnlichster Wunsch nach einem Kind, ihrer Tochter, in

Erfüllung ging. Auch die größte Herausforderung ihres Lebens benennt sie offen, betont gleichzeitig eine tief verwurzelte Quelle der Kraft, die in ihrer eigenen Erziehung liegt:

> *„Die größte Schwierigkeit in meinem Leben war, dass kurz nach dem Tod meiner Mutter ein halbes Jahr später mein Mann gestorben ist und ich dann allein zurechtkommen musste. Was mir dabei geholfen hat, die Situation in den Griff zu bekommen? Ich habe in meiner Kindheit und meiner ganzen Erziehung gelernt, Selbstdisziplin zu üben und habe vor allen Dingen versucht, mir dann Aufgaben zu schaffen, anderen Menschen zu helfen oder für andere da zu sein und dem Leben wieder einen Sinn zu geben. Aber ja, da hat das Leben es nicht gut mit mir gemeint: Mein guter Freund ist im Dezember, meine Mutter im März und mein Mann im Oktober gestorben, alle drei in einem Jahr!"*

Der eigenen Stärke und Bestätigung von Selbstwirksamkeit auf der Spur formuliert Frau von W.:

> *„Ja, erstens bin ich sicher ein sozial eingestellter Mensch. Das liegt auch an meinem christlichen Glauben und ich gebe nicht auf, das stimmt. Dies liegt einfach in meinem Charakter. Wenn ich mir etwas vorgenommen habe, ziehe ich das auch durch, und das ist mir gerade bei der Arbeit mit Flüchtlingen sehr hilfreich gewesen. Denn damit konnte ich einiges durchsetzen, was ein Flüchtling so gar nicht in der Lage gewesen wäre durchzusetzen. Ich habe auch keine Obrigkeitsängste und durch meine berufliche Tätigkeit früher keinerlei Berührungsängste mit Behörden, was in diesem Falle ausgesprochen hilfreich ist."*

Auf ihr Engagement in der Hilfe für geflüchtete Menschen angesprochen, spannt sie einen Bogen ihrer Familientradition:

> *„(...) das ist einfach mein Charakter. Und außerdem komme ich aus einem alten Familiengeschlecht. Da war es selbstverständlich, dass man sich um andere Menschen gekümmert und geholfen hat. Wenn ich so höre, was meine Großmutter gemacht hat, die sich um alle Sorgen und Nöte der*

*Bewohner das ganzen Dorfes gekümmert hat! Das ist ein-*
*fach die Tradition, in der ich aufgewachsen bin. Das habe*
*ich selber leider nicht mehr erleben können, aber weiß es*
*natürlich durch die Erzählungen meiner Mutter, die genau-*
*so war. Also natürlich spielt hier die Familientradition eine*
*Rolle.“*

## ☰ ASSOZIATIONEN

Dieses Interview lässt ein erfahrenes traumatisches Erlebnis der
Interviewerin wach werden. Frau von W. kennt die Geschichte
von Ghada Alshusheh.

> *„Sie fand es sehr gut, dass wir uns so tiefer-gehend kennen-*
> *lernen könnten. Alte Gefühle und Erinnerungen wurden in*
> *ihr geweckt. Sie meinte, dass es immer gut sei zurückzubli-*
> *cken und Lebensentscheidungen zu überdenken.“*

An hilfreichen Kompetenzen und Erfahrungen benennt Frau von
W. die Selbstdisziplin, die sie in ihrer Kindheit in einem starken
Bewusstsein von Familientradition gelernt habe, wie auch der
Glaube an Gott, der ihr zudem geholfen habe, ohne Angst den
„Behörden“ und „Obrigkeiten“ entgegenzutreten, zudem die Er-
fahrung ihrer glücklichen Ehe.

> *„Die große Selbstdisziplin. Ich bin von meiner Mutter sehr*
> *streng erzogen worden. Sehr liebevoll, aber sehr streng.*
> *Und auch meine Mutter ist sehr früh Witwe geworden und*
> *musste ihr Leben in die Hand nehmen. Ich war zehn, als*
> *mein Vater starb. Meine Mutter hat zwei Wochen nach*
> *dem Tod meines Vaters angefangen zu arbeiten. Also ich*
> *habe von früh auf gelernt, dass man sich durch solche*
> *Schicksalsschläge nicht irgendwie kaputt machen lassen*
> *darf.“*

In der Hilfsbereitschaft und dem Mitgefühl zeigen sich die Gemeinsamkeiten der beiden Frauen. So kann sich Ghada Alshus-

heh im Interview ebenso gesehen und angenommen fühlen und darüber hinaus durch das Gehörte Ermutigung erfahren und Hinweise für den eigenen Weg erhalten.

*Bild 2*
*Eine Dankeskarte an die Erzieher\*innenausbildung*
*in der Akademie, Sandra Kuckert 2015*

# 4. ASSOZIATIONEN UND ERKENNTNISSE IM BLICK

*„Ich glaube daran, dass das größte Geschenk, das ich von jemanden empfangen kann, ist, gesehen, gehört, verstanden und berührt zu werden. Das größte Geschenk, das ich geben kann, ist, den anderen zu sehen, zu hören, zu verstehen und zu berühren."* (Virginia Satir)

Fragen öffnen eine Tür zu Menschen, insbesondere, wenn sie mit dem Angebot des Hinhörens verbunden sind. Dies wird in allen Interviews deutlich und zum großen Teil ausdrücklich als Geschenk wahrgenommen. Fragen sind Türöffner und quasi Beziehungskit.

Um die Dynamik von Krise und Wachstum genauer zu betrachten, folgen hier einige Überlegungen zu der Frage:

## ☰ „WELCHE FAKTOREN VON RESILIENZ KÖNNEN WIR IN DEN FORSCHENDEN GESPRÄCHEN UND DEREN BETRACHTUNG AUSMACHEN?".

Resilienz erscheint als ein Prozess, der das bewusste Erleben von Not und Leiden beinhaltet, ein Prozess, der Am-Boden-Liegen UND Wieder-Aufstehen realisiert – eine Kraft, die bei kommenden Belastungen zur Bewahrung von Würde und Selbstwirksamkeit hilfreich sein. Zugleich helfen uns die reflektierten und bewältigten Herausforderungen beim Erahnen und Erinnern, was unser Wesen sein will: Selbstgefühl, Selbstwirksamkeit, Versöhnung und Liebe.

Zunächst sind das **Sprechen** und **Miteinander-Teilen** selbst Hinweise auf Stärke – den Mut zu finden, sich zu zeigen. Viele Interviewpartner*innen haben vielleicht zunächst einfach „Ja" zum Interview gesagt. Im Prozess selbst haben sie oft die Bedeutung und Wirkweise des offenen Gesprächs und das Erleben von ungeteilter Aufmerksamkeit der Enkel, der Kinder oder Freund*innen erfahren.

In den Schilderungen der Interviewten ist sehr häufig von den Erinnerungen an den überwältigenden Gedanken „... **ich weiß nicht, wie ich das alles schaffen soll?**" die Rede (z.B. bei der Mutter, als sie den selbstbewussten Schritt der Trennung als Befreiung aus einer würdelos empfundenen Beziehung geht). Gleichzeitig gibt es die Schau auf sich selbst und die Erfahrung von Würdigung im Erzählen dessen, „**wie ich das alles geschafft habe!**".

Wesentliche Merkmale von Stärkendem möchte ich in Stichworten zusammenfassen:

Vom **Gebet, der Verbindung zu Gott, Allah und Jesus und der Verbundenheit in Gemeinschaft** wird in überaus vielen Interviews berichtet. Von dieser Verbindung und dem Gehalten-Sein ist immer wieder die Rede. Sie stellt eine bedeutsame Quelle von Trost und Lebensfreude, sowie eine Wiederentdeckung von Beschützt-Sein dar.

Das Gebet scheint zudem eine Quelle der Zwiesprache und des Sich-Zeigens zu sein („*Dass ich mich von Gott getragen, geführt und bewahrt weiß*"; „*(...) ich habe Zuflucht bei Gott gesucht, mich an ihn gewandt(...)*"; „*(...) dass ich (meinen Ärger d.V.) im Gebet ausspreche und irgendwie durchdenke*"; „*(...) ich wusste, sie sind da und sie tragen uns.*").

Die Institution der Kirche scheint dabei weniger wesentlich als die Gemeinschaft und die Tragfähigkeit des Glaubens (z.B. bei der Tante, die Jesus, Gott und auch den Papst als Vorbild und Ansprechpartner sehen kann, und gleichzeitig betont „*(...) die Pfarrer interessieren mich nicht, sie sind Instrumente der Kirche. Ich fühle mich als Kirche. Ich bin ein Teil von ihr*").

**Einen Sinn** zu finden und eine **Aufgabe** anzunehmen, wie z.B. die Sorge für Geschwister, für Eltern, das Warten auf Papa, hilft uns zu leben und aktiv zu sein.

Stille und **sichere Orte sind Zufluchtsorte zu** entdecken, zu kennen und zu nutzen gibt Kraft, ganz gleich, ob es sich hierbei um eine Kirche, ein eigenes Zimmer oder den Garten handelt. Das Suchen, Finden und Erschaffen eines Ortes, der sicher, eigenverantwortet, wie auch geschützt gegen Übergriffe ist, wirkt als Vitamin C für die Seele.

**Scham zu überwinden** wird in vielen Interviews als ein wesentlicher Schritt hin zu Selbstgefühl und Kontakt zu dem als wahr empfundenen Selbst benannt. *„Ich schämte mich (...) so sehr, dass dieses Gefühl eine innere Stimme in mir weckte".*

**Partnerschaft** ist in beinahe allen Interviews ein wichtiger Stützpunkt und Anker. Zur Würdigung der Verbundenheit mit einem vertrauten Menschen gehört ebenfalls die Loslösung von jenen Partnerschaften, die als bedrohlich oder kränkend, und eigenen Würde abträglich erlebt werden.

**Die Liebe zu den Kindern** wird beinahe immer als Stärkung und Stärke empfunden – nicht nur, weil die Kinder selbst als Geschenk gesehen werden, sondern auch, weil das eigene Liebesempfinden und Mitgefühl in belastenden Situationen als wertvolle Ressource erkannt wird. In mehreren Interviews beschreiben Mütter das *„Kinder bekommen und für diese verantwortlich sein"* als Quelle von Kraft und Sinn. Ein Beispiel hierfür ist die Italienerin, die beim Angebot, ein größeres Eiscafé aufzubauen, der Kinder zuliebe ablehnt und über den Wachstumsreiz hinauswächst (*„(...) ich konnte zufrieden sein und musste beruflich nicht noch mehr erreichen"*).

Eine Kraftquelle ist die **Erinnerung an die eigene Kindheit** und an die dieser Zeit innewohnende Begeisterung. Dieses Geschenk der Rückschau auf glückliche Zeiten wird des Öfteren erwähnt. In der Kindheit kommen wir in Kontakt mit dem Grund unserer Seele und unseres Eigen-Sinns (vgl. Stern 2019). Kindheitserfahrungen sind insbesondere dann bedeutsvoll, wenn wir das Glück haben, die auftauchenden Probleme in eigener Kraft, mithilfe von Eltern und Freund*innen und auch im Vertrauen auf eine höhere Macht lösen zu können.

**Der Humor ist eine Verarbeitung der Zumutungen des Lebens.** Dies zeigt sich beispielsweise dort, wo die Großeltern betonen, dass sie Trauer und Nöte oft alleine bearbeitet hatten, aber gleichzeitig humorvoll über ihre Verbundenheit sprechen. Auch dann, wenn die Mutter im Blick auf ihre vergangenen belastenden Erfahrungen bemerkt: *„Unter mein damaliges Leben habe ich einen dicken, keinen schwarzen, aber einen regenbogenfarbenen Schlussstrich gezogen"*. Oder dort, wo die junge Frau bei der Party fragt, *„Wer ist hier eigentlich noch Single?"* und einen Mann kennenlernt, den sie später heiratet.

Auch die **Annahme der Hilfe** erscheint als wesentlich, wobei dem zunächst das Erkennen, dass „ich Hilfe benötige" offensichtlich als bedeutsamer Schritt vorausgeht: *„Manchmal fühlte ich mich nämlich so hilflos, wie ein kleines Kind, dem niemand zur Hilfe eilt."*

### DIE NEUENTDECKUNG VON STÄRKE UND DER MUT ZU VERRÜCKTHEIT BELEBT.

Dies wird deutlich bei der Mutter, die in ihrer eigenen Wohnung wild zu tanzen wagt, ohne die Vorhänge zuzuziehen, wenn die Arbeitskollegin bemerkt *„Eine ganz wichtige Ressource für mich ist auch, wenn`s irgendwie mal so schiefläuft, Verrücktheit, also so verrückte Gedanken, so Crazyness."*

Mut und die Stärken, welche die Studierenden in Ihrem Gegenüber finden, können sie als **Spiegel für eigene Quellen der Kraft** entdecken, manchmal quasi wie in einer Abfärbung- oder Ansteckungssituation *„Da muss ich bestimmt weinen"*, sagt die Mutter und die Tochter antwortet: *„Das kann sein, ich vielleicht auch. Dann machen wir das eben gemeinsam."*

**Die Erfahrung mit Menschen** stärkt, wenn wir bemerken, dass diese mich so annehmen, wie ich bin, *„Mitleid hat noch niemanden geholfen (...) dort (in der religiösen Gemeinschaft d.V.) traf ich dann auf Menschen, von denen ich mitbekam, dass auch sie Sorgen und Nöte im Leben haben. Da fühlte ich mich mit ihnen auf eine Art und Weise verbunden."*

Jede **selbstwirksame Entscheidung,** die wir treffen, stärkt uns.

Auch im Nein-Sagen und Bewahren der Eigenständigkeit z.B. gegenüber den Forderungen der Schwiegereltern drückt sich diese aus. Gleichzeitig kann die Stärke verinnerlicht und auf die Zukunft projiziert werden als **Selbstwirksamkeitserwartung**: *„Ich werde weiterhin stark sein können."* Hierzu zählt z.B. Vertrauen in die neugewonnene Stärke nach einer Trennung, die Entdeckung des Neins oder das Wahren einer neuen Chance nach der Kündigung einer Arbeitsstelle.

Dazu gehört ebenso das **Wandeln der ursprünglichen Erfahrung** von Ausgegrenzt-Sein und Nicht-Verstanden-Werden, wenn z.B. die deutschstämmige Jugendliche in Russland, wie auch später als Zugezogene in Deutschland Ausgrenzung erlebt. In der Verbundenheit der **Peer Group** kann die Jugendliche nun Stärke spüren, sich wehren und Zusammenhalt erleben.

Eine weitreichende Entscheidung „für mich" zu treffen**,** wirkt bedeutsam, manchmal gerade auch in Verbindung mit *„Widerstand gegen ...",* wie z.B. den Schritt aus einer Beziehung heraus tun, den Umzug aus der DDR zu den Großeltern wagen, die eigene Entscheidung für eine Lehrstelle auch gegen den Willen der Großeltern treffen, das Auswandern aus Italien nach Deutschland und der Aufbau eines Eiscafés.

**Strukturen und Rituale des Alltags** können ebenso wie die Hingabe an das Notwendige und das Durchhalten Halt geben. Ein

Zitat drückt dies treffend aus: *„Ich habe gebetet, immer aus dem Koran gelesen, Holz für den Ofen gesammelt und geschlagen.".*

Manches Mal ist die Not und andauernde Gefahr auch nur zu bewältigen in der **Verdrängung** (wenn z.B. der Großvater bemerkt, dass er sich als 17-jähriger Soldat wenig Gedanken gemacht hat). Das **Annehmen des Ist-Zustands** erhält Lebenskraft – ein wenig auch das Dissoziieren der Gefühle von Enge und Bedrohung z.B. als Mutter mit Kindern auf der Flucht.

**Versöhnung und Vergebung** wirken als wesentliche Umkehrpunkte und Ausdruck von Selbstfürsorge, wie es z.B. die Freundin einer Studierenden im Interview ausdrückt „(...) *dass es nicht darum geht, zu vergeben, damit es den anderen gut geht, sondern darum, dass es mir gut geht und ich frei sein kann."*

**Visionen** bringen uns in Kontakt mit unserem Selbst (z.B. die Vision der Eltern vom Aufbau einer Pflegefamilie).

Hierzu mag auch zählen, mit den eigenen Prägungen und dem eigenen Weg in Frieden zu kommen und somit nicht mehr mit Vergangenheit und Erziehung zu hadern. So können wir die gewonnenen Eigenschaften als Qualitäten und Ressourcen erkennen. Hier sei als Beispiel die Schwiegermutter genannt, die bemerkt: *„Ich bin auch so erzogen worden, dass man sich nicht beklagt (...)".*

### ≡ „WAS WEH TUT" – AUCH DAVON ERZÄHLEN DIE GESPRÄCHE

Die Erfahrung eines Kindes, nicht richtig zu sein, *„hier nicht hinzuzugehören"* oder dass der eigene Wille nicht zählt bzw. es nicht gefragt wird, kann als Ausschluss und Ausgrenzung erlebt werden." Diese Erfahrung, nicht richtig zu sein, lässt sich weder verstehen noch integrieren und bedeutet **Stress**.

**Resilienz kann entstehen** im Umgang mit Angst und Bedrohung. *„Wir brauchen die Angst, denn sie macht uns in unübersehbarer und nicht zu verdrängender Weise darauf aufmerksam, dass Gefahr droht. Sie zwingt uns, nach geeigneten Bewältigungsstrategien zur Abwendung oder Überwindung dieser Bedrohung zu suchen. Und wenn wir eine Lösung für das Angst auslösende Problem gefunden haben, dann ist alles gut"* (Hüther 2020, 15).

Resilienz zeigt sich meist als Neuentdecken einer Reaktion auf Bedrohung und den Wechsel in eine neue Strategie des Umganges damit. Gleichzeitig verstärkt dieser Prozess das Nachdenken über tragfähige und sichere Bindungen und das Empfinden von **Dankbarkeit**.

## ☰ DAS ANNEHMEN DER KRISE

Wir als Leser*innen bemerken vielleicht ab und zu ein „... aber ..." oder *„Warum hat sie sich nicht früher getrennt?"* oder *„Warum ist sie nicht in eine Selbsthilfegruppe gegangen oder hat sich in einer Therapie Unterstützung geholt?"* Manche Geschichten sind so bedrängend, dass unserer lösungsorientierter Verstand Ideen produziert. Möglicherweise ist sogar im Hinhören und Lesen mehr an Enge und Verzweiflung zu spüren, als es die Akteur*innen in der Situation selbst erfuhren.

Krisen scheinen für uns alle im Leben fast unausweichlich. Weh tut es, sich als Objekt benutzt wahrzunehmen, den eigenen Lebens- und Gestaltungsraum fremdbeherrscht zu fühlen, die innewohnende Kreativität und Gestaltungsfreude in Selbstwirksamkeit beschnitten zu sehen.

Eine jede Krise bringt ein Identitätschaos mit sich. Unsere bisher gelernten Strategien des Erhalts von Lebensfreude und -kraft scheinen nicht mehr zu taugen. Eine Lernaufgabe ist Annahme und Zuwendung. Unter diesem Gesichtswinkel wird der Krisen-Prozess fast wie ein Mutmacher oder Anstoß zu einem zunächst nicht freiwillig angenommenen Lernschritt. Damit soll freilich keineswegs Not und Leiden relativiert werden, die in der Krise als zutiefst als bedrängend und bedrohlich erlebt wird.

Von den Lernschritten, die das Leben erfordert, wenn wir in Würde und Verbundenheit mit uns und uns liebevoll zugewandten Menschen leben wollen, handeln die meisten der Interviews.

Die Botschaften der Religionen und auch vieler alter Märchen erinnern uns ebenso daran, dass wir das Unangenehme und Bedrohliche annehmend erleben müssen, das Hässliche umarmen und manchmal sogar küssen müssen, um dann wieder aufzuerstehen, Glück und Schönheit zu finden, genau das, was wir wirklich sind.

Sich nach innen zu wenden, bietet die Chance, sich *„zerbrochen und doch noch ganz"* zu fühlen und zu erleben (vgl. Santorelli 2016, 94). Es geht darum, eine Fürsorglichkeit für sich selbst zu entdecken und zu entwickeln. Auf dem Weg zu unserer eigenen Stärke und zu unseren Ressourcen sehen wir uns meist eben nicht freiwillig konfrontiert mit Herausforderungen, die uns zaudern und zum Teil von unserer innewohnenden Kraft wie abgetrennt fühlen lassen.

In ihrer Gesamtheit haben die Geschichten in diesem Buch eine außerordentlich tiefgreifende Bedeutung für unser Verstehen menschlichen Lebens:

**EIN SCHATZ WURDE DURCH DIESE INTERVIEWS GEHOBEN.**

In ihrer Gesamtheit haben die Geschichten in diesem Buch eine außerordentlich tiefgreifende Bedeutung für das Verstehen menschlichen Lebens.

Ein **funkelndes Juwel besteht in der Würde, Lebenskraft und Resilienz der Erzählenden**, die sich in den unterschiedlichsten

Formen offenbart. Dieses Juwel zeigt sich in der Stärke und Intensität der Erzählungen, im Humor der Erzähler*innen und der Kraft der Rückschau.

**Das zweite kostbare Juwel wird in der Haltung der Hörenden und Fragenden deutlich, nämlich das des Hinhörens.** Es bedarf des Mutes, auch bislang stets ausgesparte Fragen zu stellen, an Tabuthemen zu rühren und auch Schambesetztes und Wundes offen anzuhören. Begleitet mit Humor oder mit gemeinsam vergossenen Tränen, entsteht hier ein Raum für wahre Begegnung und die Möglichkeit, tiefe Wertschätzung zu erfahren, wirklich gesehen und gehört und vollständig angenommen zu werden.

Es braucht offene, im Herzen mutige Kinder, Schwiegertöchter und Schwiegersöhne bzw. Enkel, die hinhören und am „Wiederausgraben" interessiert sind. Es finden Menschen zueinander, die Mitgefühl und Selbstfürsorge als Grundlage ihrer Präsenz sowohl in privaten wie beruflichen Zuwendungen zeigen (vgl. Siegel 2020, 109). So findet sich im offenen Gespräch ein Gegenüber, welches gerade im Hinhören etwas Wesentliches erfährt, das wie „unter Zeugen" Bewunderung und Respekt auslöst, Hinweise gibt und Stärke vermittelt.

Die liebevolle Zuwendung ist nicht alleinig die Kraft, die wir haben, sie ist der Raum, der zwischen uns und gleichzeitig in uns entsteht, wenn wir lauschen und uns neugierig begegnen. Insofern wirkt Liebe nicht nur als unser allereigenes Gefühl, sondern als die Haltung, mit der wir durchs Leben gehen. Wir wissen umeinander.

### DAS DRITTE JUWEL IST DAS JUWEL DER AUSDEHNUNG.

Meine Absicht mit diesem Buch ist es, im Wesentlichen die Interviews für sich selbst sprechen und wirken zu lassen. Auch möchte ich dem Respekt und der Freude über die Interviewer*innen Raum geben, die im Hinhören die eigenen Wurzeln oder zumindest Teile ihres Selbst erkunden und integrieren. Auf diese Weise werden alle durch den Zauber des verbindenden Gesprächs beschenkt: die Interviewenden, die Interviewten, der Autor und die Leser*innen.

Zur weiteren Beschäftigung mit dem Thema „Dynamik von Krise und Wachstum" existieren viele Ideen für ein sorgsames und uns selbst und unsere Seele zugewandtes Leben in Form von Lektüre, Seminaren, Workshops und Ausbildungen. Das Spektrum reicht von Erkenntnissen und einzelnen Übungen für eine Praxis der Selbstfürsorge bis hin zur Übungen von Kontemplation, bewussten Atmen und Gehen, etc. Hinzugewinnen können wir durch einen achtsamen Umgang mit Krisen (beeindruckend dargestellt bei Santorelli 2016), wie auch durch Ideen und Hinweise für eine uns selbst zugewandte und entdeckende Haltung (beispielsweise bei Wellensiek 2016).

## VOM UMGANG MIT DEM UNERWARTETEN

In der Beschäftigung mit den Biografien und Gesprächen geht es mir, wie es möglicherweise auch Ihnen als Leserin und Leser geht. Ich werde daran erinnert, dass auch ich einen Lebensweg habe, der durch Schicksal, Angestrebtes wie Unerwartetes geprägt ist.

Die Betrachtungen in diesem Buch können mir und uns einen Hinweis geben, wie wir mit den in der jetzigen Zeit erlebten und befürchteten Krisen umgehen können. Einen Raum zu öffnen, in dem wir von Herausforderungen erzählen, ist meiner Ansicht nach überaus wertvoll. So werden auch uns möglicherweise unsere Kinder und Enkel fragen, wie „wir das alles geschafft haben".

Ein Geheimnis der Verbundenheit liegt dann und auch bereits heute im Lauschen und Erzählen. Im Würdigen liegt dann und ebenso bereits heute die Überwindung von Trennendem.

Bei Norbert Travöger finde ich eine spannende Geschichte, die sehr zutreffend darauf hinweist, wie wir uns resilient bewegen können.

Eine Tänzerin erzählt von einem Ereignis, welches sich nach einer Probe des Tanzensembles ereignete. Die Tänzerinnen, froh, dass Sie in der Corona-Zwischenzeit üben und tanzen konnten, fuhren nach ihrem Treffen in Berlin mit der U-Bahn und mit der Rolltreppe wieder ins Freie. Die Rolltreppe hielt plötzlich an. Die Menschen rundherum sind nach allen Seiten gefallen und umgekippt, nur die Tänzerinnen haben sich mühelos in Balance gehalten. Travöger erinnert sich an die Beschreibung der Erzählerin:

> *„Sie seien elastisch und wach im Spiel geblieben, trotz abrupten Stillstands. Die Tänzerinnen hätten durchlässig reagiert und seien nicht in Verfestigung erstarrt, die einen nach Eintritt eines unerwarteten äußeren Ereignisses ausgeliefert sein lässt."* (Travöger 2020, 5)

Was bringt uns im Moment so aus der Balance? Und was ist das Mittel für unsere Beweglichkeit und feine Balance: Spiel und Kommunikation in der Begegnung. Und so sehe ich eine Essenz und das Angebot der Geschichten dieses Buches: Hört einander zu!

BILD 1
*„Was ich in mir entdeckt habe"; Mentoring 2020*

# DANKE SAGEN

Dankbar bin ich den Studierenden für die Erfahrung einer drei Jahre währenden Lerngemeinschaft. Ich empfinde Respekt und Mitfreude, wenn ich ihr Wachsen und Pflegen der eigenen Gaben sehe, die sie für unser soziales Miteinander und die Zielgruppen sozialer Arbeit mitbringen.

Wesentliche Stärkung und Impulse, vor allem immer wieder die Ermutigung in der gleichwürdigen Begegnung habe ich meiner Frau Ingeborg Trümner zu verdanken. Von ihr habe ich auch gelernt, mir zunächst unangenehme Fragen stellen zu lassen und diese in mir zu bewegen. Ordnende und inspirierende Ideen haben sich glücklich verwoben in unserer Partnerschaft. Besonders bin ich dankbar für die Hinweise darauf, was meine Ideen besser lesbar machen kann.

Unsere Kinder haben mich in Gesprächen, Ermutigungen und der Erfahrung herzensoffener Prozesse in der gegenseitig bereichernden Wahrnehmung gestärkt.

Dagmar End, meiner Lektorin bin ich sehr dankbar für die Klarheit und den Mut, mich auf Fehlendes oder Sperriges im Schreibfluss hinzuweisen. Ihre Hinweise darauf „die Perle der Botschaft freizulegen" haben mich erreicht.

Meiner langjährigen Kollegin und Mitgestalterin der Ausbildung Delia Henss verdanke ich den anderen, den künstlerisch freien Blick, die Bejahung des widerständigen Eigensinns und ihren Beitrag in diesem Buch. Erfreut hat mich ebenso die Wertschätzung des derzeitigen Akademieleiters Philippe-Guy Crosnier de Bellaistre.

Dankbar bin ich ebenso meinen Eltern, die mir das Wachstum des Hinhörens und Hinsehens ermöglicht haben.

# LITERATUR,
# DIE MICH INSPIRIERT

**Bauer**, Joachim (2021): Das empathische Gen. Humanität, das Gute und die Bestimmung des Menschen. Freiburg, Basel, Wien: Herder.

**Baer**, Udo (2018): Traumatisierte Kinder sensibel begleiten. Weinheim: Beltz.

**Brand**, Robert (2020): Resilienz – Die 7 Säulen der inneren Stärke: Wie Sie Ihre psychische Widerstandskraft trainieren, Stress bewältigen und aus Krisen gestärkt hervorgehen. Independend published.

**Fröhlich-Gildhoff**, Klaus; **Rönnau-Böse**, Maike (2015): Resilienz. 4. aktualisierte Auflage. München: Ernst Reinhardt.

**Graham,** Linda (2014): Der achtsame Weg zu Resilienz und Wohlbefinden. Wie wir unser Gehirn vor Stress und Burn-out schützen können. Freiburg: Arbor Verlag.

**Grossmann**, Klaus E. (2019): Emmy Werner: Engagement für ein Lebenswerk zum Verständnis menschlicher Entwicklung über den Lebenslauf; in: Brisch, Karl Heinz/Hellbrügge, Theodor (Hrsg.): Bindung und Trauma. Risiken und Schutzfaktoren für die Entwicklung von Kindern. Stuttgart: Klett-Cotta (Sechste Auflage). S. 15 – 33.

**Hanson**, Rick (2014): Vorwort; in: Graham, Linda (Hrsg.): Der achtsame Weg zu Resilienz und Wohlbefinden. Wie wir unser Gehirn vor Stress und Burn-out schützen können. Freiburg: Arbor Verlag; S. 15 – 17.

**Hüther**, Gerald (2020): Wege aus der Angst. Über die Kunst, die Unvorhersehbarkeit des Lebens anzunehmen. Göttingen: Vandenhoek und Ruprecht.

**Kalisch**, Raffael (2017): Der resiliente Mensch: Wie wir Krisen erleben und bewältigen. Neueste Erkenntnisse aus Hirnforschung und Psychologie. Berlin: Berlin Verlag.

**Kast**, Verena (1997): Zur Dynamik von Krise und Wandlung MP3 CD. Müllheim: Auditorium Netzwerk.

**Laucht**, Manfred (2019): Vulnerabilität und Resilienz in der Entwicklung von Kindern; in: Brisch, Karl Heinz/Hellbrügge, Theodor (Hrsg.): Bindung und Trauma. Risiken und Schutzfaktoren für die Entwicklung von Kindern. Stuttgart: Klett-Cotta (Sechste Auflage); S. 53 – 71.

**Lamnek**, Siegfried/**Krell**, Claudia (2016): Qualitative Sozialforschung. Mit Online-Materialien. Weinheim: Beltz. 6., vollständig überarbeitete Aufl.

**Peterson**, Christopher; **Seligman**, Martin (2004): Character Strength and Virtues. Oxford University. URL: www.managerseminare.de. Zugriff vom 29.11.2021.

**Rönnau-Böse**, Maike/**Fröhlich-Gildhoff**, Klaus (2020): Resilienz und Resilienzförderung über die Lebensspanne. 2. Auflage. Stuttgart: Verlag W. Kohlhammer.

**Rönnau-Böse**, Maike ( 2021): Kinder stärken – https://www. kindergartenpaedagogik.de/fachartikel/bildungsbereiche-erziehungs-felder/soziale-und-emotionale-erziehung-persoenlichkeitsbildung/ kinder-staerken?utm_campaign=fachartikel_kinder-staerken&utm_ source=kh_nl_05_2021&utm_medium=link_fachartikel_zum_beitrag Zugriff vom 27.05.2021

**Santorelli**, Saki (2006): Zerbrochen und doch ganz. Die heilende Kraft der Achtsamkeit. Freiburg Breisgau: arbor.

**Schubert**, Helga (2021): Vom Aufstehen. Ein Leben in Geschichten. München: dtv. 6. Auflage.

**Schulz von Thun**, Friedemann (2021): Erfülltes Leben. Ein kleines Modell für eine große Idee. München: Carl Hanser.

**Senckel**, Barbara ( 2012): Die sichere Bindung als Chance für das traumatisierte Kind. In: Hennicke, Klaus(HRSG): Traumtherapie bei Kindern und Jugendlichen mit geistiger Behinderung. Marburg: Lebenshilfe Verlag. S 134 – 148.

**Shafak**, Elif (2020); Hört einander zu. Zürich, Berlin: keinundaber.

**Siegel**, Daniel (2015): Aufruhr im Kopf. Was während der Pubertät im Gehirn unserer Kinder passiert. München: mgv.

**Siegel**, Daniel (2020): Gewahr sein. Was es heißt, präsent zu sein. Freiburg Breisgau: arbor.

**Sofer**, Oren Jay (2021): Sag mir, was du wirklich meinst. Die eigene Stimme finden, wahrhaftig sprechen und einfühlsam zuhören. Freiburg Breisgau: arbor.

**Stern**, André (2019): Begeisterung. Die Energie der Kindheit wiederentdecken. München: Elisbeth Sandmann. 2. Auflage

**Travöger**, Norbert (2022): Spiel (übermorgen). Wien: Kremeyr & Scheriau.

**Van der Kolk**, Bessel (2015): Verkörperte Schrecken. Traumaspuren in Gehirn, Geist und Körper und wie man sie heilen kann. Lichtenau Westfalen: Probst Verlag.

**Weber**, Anne (2020): Annette, ein Heldinnenepos. Berlin: Matthes & Seitz.

**Welter-Enderlin**, Rosmarie/Hildenbrand, Bruno (Hrsg.) (2006): Resilienz – Gedeihen trotz widriger Umstände. Heidelberg: Carl-Auer Verlag.

**Wellensiek**, Sylvia Kérè (2016): Fels in der Brandung statt Hamster im Rad. Weinheim und Basel: Beltz. 2. Auflage.

**Welzer**, Harald (2021): Nachruf auf mich selbst. Frankfurt am Main: Fischer. 2. Auflage.

**Wustmann**, Corina (2005): Die Blickrichtung der neueren Resilienzforschung. Wie Kinder Lebensbelastungen bewältigen. In: Zeitschrift für Pädagogik 51 2, S. 192-206 https://www.pedocs.de/volltexte/2011/4748/pdf/ZfPaed_2005_2_Wustmann_Blickrich tung_Resilienzforschung_D_A.pdf Stand: 29.11.2021).